서울대 한국어

Workbook **5A**

서울대학교 언어교육원

서울대 한국어 5A Workbook

지은이 서울대학교 언어교육원
편집인 박형만, 윤여선, 임슬기, 양승주
펴낸곳 (주)투판즈
서울특별시 서초구 논현로 87, 5층
Tel (02)2140-2500
Fax (02)2140-2599
www.twoponds.co.kr
등록 1980년 10월 7일 제2004-000086호
디자인 두울스튜디오
초판 1쇄 2012년 3월 1일
19쇄 2022년 6월 1일

ISBN 978-89-539-3448-1

이 도서의 국립중앙도서관 출판시도서목록(CIP)은 서지정보유통지원시스템(http://seoji.nl.go.kr)과 국가자료공동목록시스템(http://www.nl.go.kr/kolisnet)에서 이용하실 수 있습니다.(CIP제어번호 : CIP2012000570)

Written by Language Education Institute, Seoul National University
Published by TWOPONDS Co., Ltd.
Designed by Doool Studio

머리말

〈서울대 한국어 5A Workbook〉은 〈서울대 한국어 5A Student's Book〉의 부교재로, 주교재에서 학습한 내용이 연습을 통해 사용 능력으로 정착되도록 구성하였다. 이를 위해 주교재에서 학습한 어휘, 문법과 표현을 다양한 맥락 속에서 사용해 보고 읽기 심화 학습과 쓰기를 통한 정리 학습이 이루어질 수 있도록 하였다.

어휘는 문장 및 담화 단위의 맥락에서 사용하거나 어휘의 통합 관계를 이해하도록 하는 연습 문제를 제공하였다. 문법과 표현은 문장 단위에서의 정확한 사용뿐만 아니라 담화 단위의 맥락에서도 자연스럽게 사용해 볼 수 있도록 다양한 유형의 연습 문제로 구성하였다. 특히 한국어 담화 상황에서 실제적으로 사용되고 고급 수준의 학습자에게 적절한 언어 표현을 포함한 맥락을 풍부하게 제공함으로써 학습자가 교실 밖에서의 언어 사용 능력으로 용이하게 연계하도록 하였다.

또한 고급 학습자로서의 독해 능력을 향상시키기 위하여 주제와 관련된 읽기 연습을 추가로 제공하여 확장 학습이 가능하도록 하였다. 쓰기는 주로 주교재에서 이루어진 학습 내용을 바탕으로 하여 쓰게 함으로써 쓰기와 연계시켜 학습 내용을 정리할 수 있도록 하였다.

이 책이 완성되기까지 많은 분들의 노력과 수고가 있었다. 오랜 기간에 걸쳐 집필 및 출판 과정에 참여한 교재개발위원회 선생님들의 헌신이 없었다면 책이 만들어질 수 없었을 것이다. 또한 2011년 여름 학기에 수업에서 사용하며 꼼꼼하게 수정해 주신 박지영, 민정원, 하신영, 성석제, 윤수진, 신윤희, 김미연, 이성준 선생님의 노고에 감사를 드린다. 아울러 책이 출판되기까지 오랜 기간 동안 작업을 도와주신 투판즈의 사장님과 도현정 부장님, 박형만 편집팀장님, 양승주 대리님, 윤여선 씨, 임슬기 씨를 비롯한 편집진 여러분께도 고마운 마음을 전한다.

2012. 3.
서울대학교 언어교육원
원장 김 진 완

일러두기

서울대 한국어 5A Workbook은 〈서울대 한국어 5A Student's Book〉의 부교재로 총 6단원 15과로 구성되었다. 한 과는 '어휘와 표현 연습, 문법과 표현 연습, 읽기(또는 쓰기)'로 구성되어 있다.

I 외모와 성격

1 가름한 얼굴에 긴 생머리

2 A형 성격과 B형 성격

3 만나고 싶은 사람

과별 어휘, 문법, 의사 소통 기술(읽기 또는 쓰기)의 학습 목표가 제시된다.

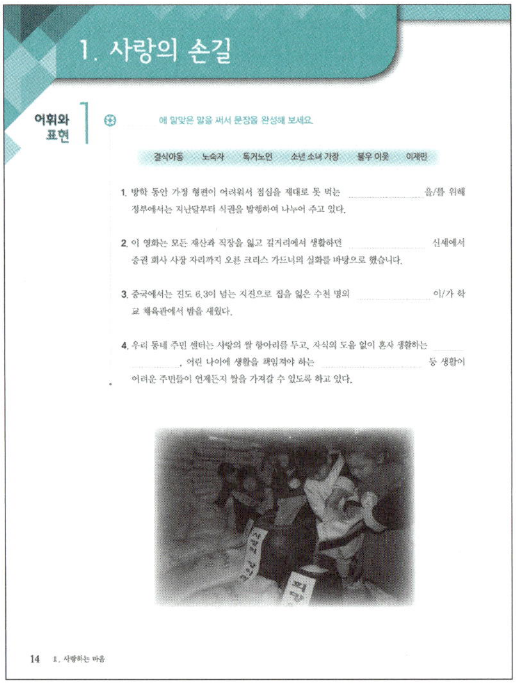

1. 사랑의 손길

어휘와 표현 1

에 알맞은 말을 써서 문장을 완성해 보세요.

결식아동 노숙자 독거노인 소년 소녀 가장 불우 이웃 이재민

1. 방학 동안 가정 형편이 어려워서 점심을 제대로 못 먹는 ________ 을/를 위해 정부에서는 지난달부터 식권을 발행하여 나누어 주고 있다.

2. 이 영화는 모든 재산과 직장을 잃고 길거리에서 생활하던 ________ 신세에서 증권 회사 사장 자리까지 오른 크리스 가드너의 실화를 바탕으로 했습니다.

3. 중국에서는 진도 6.3이 넘는 지진으로 집을 잃은 수천 명의 ________ 이/가 학교 체육관에서 밤을 새웠다.

4. 우리 동네 주민 센터는 사랑의 쌀 항아리를 두고, 자식의 도움 없이 혼자 생활하는 ________, 어린 나이에 생활을 책임져야 하는 ________ 등 생활이 어려운 주민들이 언제든지 쌀을 가져갈 수 있도록 하고 있다.

14 I. 사랑하는 마음

어휘와 표현

문장 단위의 어휘 연습, 담화 단위의 어휘 연습, 어휘의 통합 관계 연습 등으로 구성된다.

1. 문장 단위의 어휘 연습으로, 어휘를 문장 속에서 활용하면서 어휘력을 기르게 한다.

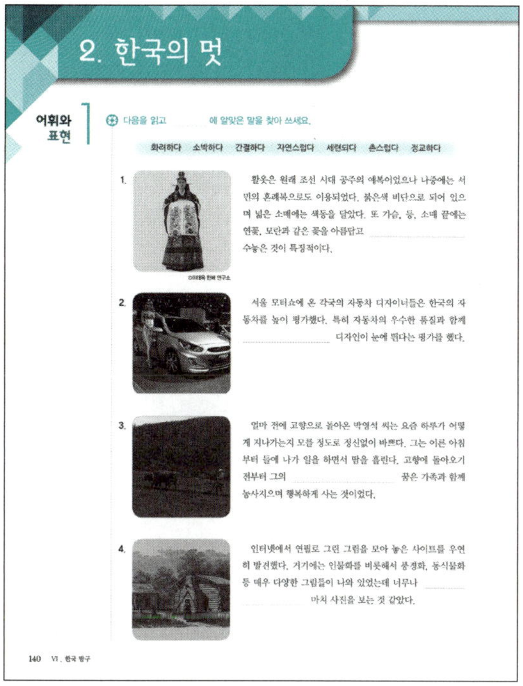

2. 한국의 멋

어휘와 표현 1

다음을 읽고 ______ 에 알맞은 말을 찾아 쓰세요.

화려하다 소박하다 간결하다 자연스럽다 세련되다 촌스럽다 정교하다

1. 활옷은 원래 조선 시대 공주의 예복이었으나 나중에는 서민의 혼례복으로도 이용되었다. 붉은색 비단으로 되어 있으며 넓은 소매에는 색동을 달았다. 또 가슴, 등, 소매 끝에는 연꽃, 모란과 같은 꽃을 아름답고 ______ 수놓은 것이 특징적이다.

2. 서울 모터쇼에 온 각국의 자동차 디자이너들은 한국의 자동차를 높이 평가했다. 특히 자동차의 우수한 품질과 함께 ______ 디자인이 눈에 띈다는 평가를 했다.

3. 얼마 전에 고향으로 돌아온 박영석 씨는 요즘 하루가 어떻게 지나가는지 모를 정도로 정신없이 바쁘다. 그는 이른 아침부터 들에 나가 일을 하면서 땀을 흘린다. 고향에 돌아오기 전부터 그의 ______ 꿈은 가족과 함께 농사지으며 행복하게 사는 것이었다.

4. 인터넷에서 연필로 그린 그림을 모아 놓은 사이트를 우연히 발견했다. 거기에는 인물화를 비롯해서 풍경화, 동식물화 등 매우 다양한 그림들이 나와 있었는데 너무나 ______ 마치 사진을 보는 것 같았다.

140 Ⅵ. 한국 탐구

2. 담화 단위의 어휘 연습으로, 텍스트 내에서의 용법을 익혀서 어휘의 사용 능력을 기르게 한다.

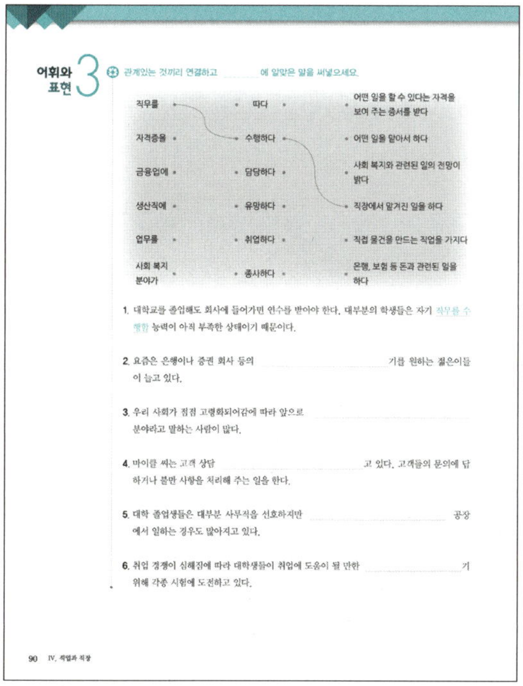

어휘와 표현 3

관계있는 것끼리 연결하고 ______ 에 알맞은 말을 써넣으세요.

직무를	따다	어떤 일을 할 수 있다는 자격을 보여 주는 증서를 받다
자격증을	수행하다	어떤 일을 맡아서 하다
금융업에	담당하다	사회 복지와 관련된 일의 전망이 밝다
생산직에	유망하다	직장에서 맡겨진 일을 하다
업무를	취업하다	직접 물건을 만드는 직업을 가지다
사회 복지 분야가	종사하다	은행, 보험 등 돈과 관련된 일을 하다

1. 대학교를 졸업해도 회사에 들어가면 연수를 받아야 한다. 대부분의 학생들은 자기 직무를 수행할 능력이 아직 부족한 상태이기 때문이다.
2. 요즘은 은행이나 증권 회사 등의 ______ 기를 원하는 젊은이들이 늘고 있다.
3. 우리 사회가 점점 고령화되어감에 따라 앞으로 ______ 분야라고 말하는 사람이 많다.
4. 마이클 씨는 고객 상담 ______ 고 있다. 고객들의 문의에 답하거나 불만 사항을 처리해 주는 일을 한다.
5. 대학 졸업생들은 대부분 사무직을 선호하지만 ______ 공장에서 일하는 경우도 많아지고 있다.
6. 취업 경쟁이 심해짐에 따라 대학생들이 취업에 도움이 될 만한 ______ 기 위해 각종 시험에 도전하고 있다.

90 Ⅳ. 직업과 직장

3. 어휘의 통합 관계를 바탕으로 한 연습으로, 어휘의 결합 관계를 익혀서 어휘력을 기르게 한다.

일러두기

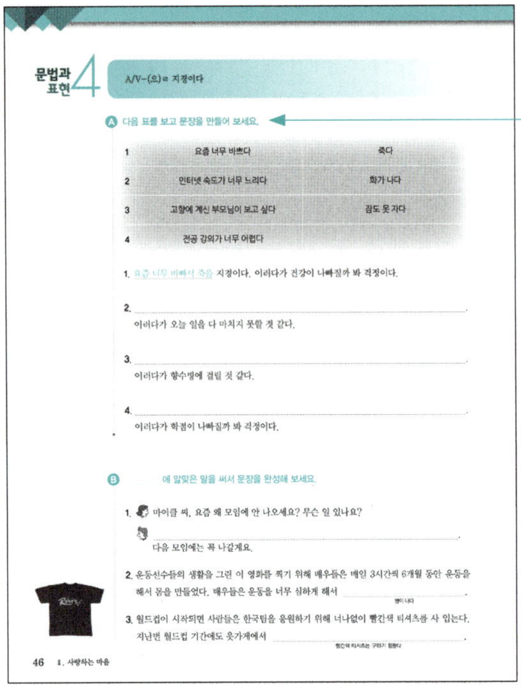

문법과 표현 4

A/V-(으)ㄹ 지경이다

Ⓐ 다음 표를 보고 문장을 만들어 보세요.

1	요즘 너무 바쁘다	죽다
2	인터넷 속도가 너무 느리다	화가 나다
3	고향에 계신 부모님이 보고 싶다	잠도 못 자다
4	전공 강의가 너무 어렵다	

1. 요즘 너무 바빠서 죽을 지경이다. 이러다가 건강이 나빠질까 봐 걱정이다.

2. ______________________.
이러다가 오늘 일을 다 마치지 못할 것 같다.

3. ______________________.
이러다가 향수병에 걸릴 것 같다.

4. ______________________.
이러다가 학점이 나빠질까 봐 걱정이다.

Ⓑ ______ 에 알맞은 말을 써서 문장을 완성해 보세요.

1. 마이클 씨, 요즘 왜 모임에 안 나오세요? 무슨 일 있나요?
______________________.
다음 모임에는 꼭 나갈게요.

2. 운동선수들의 생활을 그린 이 영화를 찍기 위해 배우들은 매일 3시간씩 6개월 동안 운동을 해서 몸을 만들었다. 배우들은 운동을 너무 심하게 해서 ______________________.

3. 월드컵이 시작되면 사람들은 한국팀을 응원하기 위해 너나없이 빨간색 티셔츠를 사 입는다. 지난번 월드컵 기간에도 옷가게에서 ______________________.

46 Ⅰ. 사랑하는 마음

문법과 표현

문장 단위의 연습, 담화 단위의 연습으로 구성된다.

1. 문장 단위의 연습에서는 목표 문법과 제시어를 활용하여 문장을 생성한다.

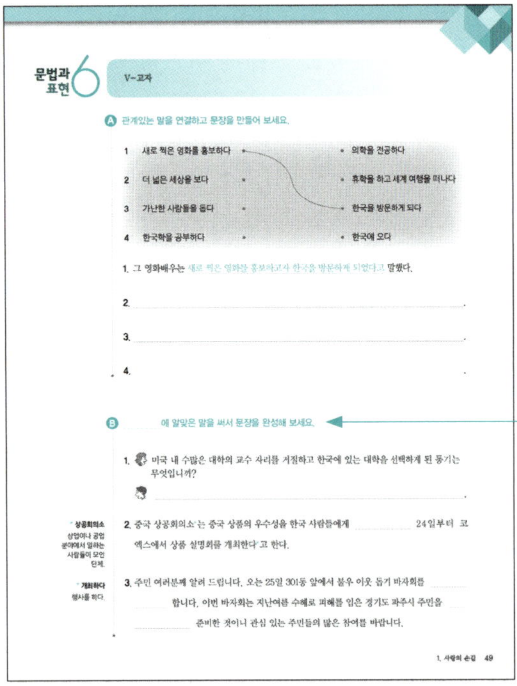

문법과 표현 6

V-고자

Ⓐ 관계있는 말을 연결하고 문장을 만들어 보세요.

1	새로 찍은 영화를 홍보하다	의학을 전공하다
2	더 넓은 세상을 보다	휴학을 하고 세계 여행을 떠나다
3	가난한 사람들을 돕다	한국을 방문하게 되다
4	한국학을 공부하다	한국에 오다

1. 그 영화배우는 새로 찍은 영화를 홍보하고자 한국을 방문하게 되었다고 말했다.

2. ______________________.

3. ______________________.

4. ______________________.

Ⓑ ______ 에 알맞은 말을 써서 문장을 완성해 보세요.

1. 미국 내 수많은 대학의 교수 자리를 거절하고 한국에 있는 대학을 선택하게 된 동기는 무엇입니까?
______________________.

2. 중국 상공회의소*는 중국 상품의 우수성을 한국 사람들에게 ______ 24일부터 코엑스에서 상품 설명회를 개최한다*고 한다.

3. 주민 여러분께 알려 드립니다. 오는 25일 301동 앞에서 불우 이웃 돕기 바자회를 ______ 합니다. 이번 바자회는 지난여름 수해로 피해를 입은 경기도 파주시 주민을 ______ 준비한 것이니 관심 있는 주민들의 많은 참여를 바랍니다.

* 상공회의소 상업이나 공업 분야에서 일하는 사람들이 모인 단체.

* 개최하다 행사를 하다.

1. 사랑의 손길 49

2. 담화 단위의 연습에서는 맥락을 드러내는 짧은 대화나 구절을 이해하여 이를 완성한다.

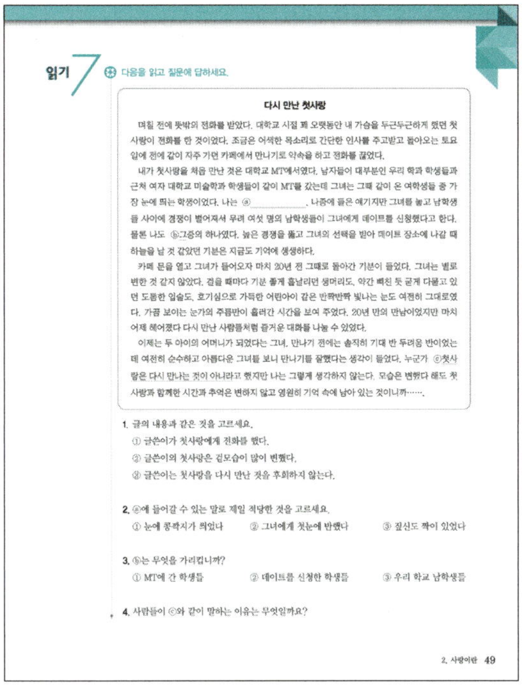

읽기 7 다음을 읽고 질문에 답하세요.

다시 만난 첫사랑

며칠 전에 뜻밖의 전화를 받았다. 대학교 시절 꽤 오랫동안 내 가슴을 두근두근하게 했던 첫사랑이 전화를 한 것이었다. 조금은 어색한 목소리로 간단한 인사를 주고받고 돌아오는 토요일에 전에 같이 자주 가던 카페에서 만나기로 약속을 하고 전화를 끊었다.

내가 첫사랑을 처음 만난 것은 대학교 MT에서였다. 남자들이 대부분인 우리 학과 학생들과 근처 여자 대학교 미술학과 학생들이 같이 MT를 갔는데 그녀는 그때 같이 온 여학생들 중 가장 눈에 띄는 학생이었다. 나는 ⓐ__________. 나중에 들은 얘기지만 그녀를 놓고 남학생들 사이에 경쟁이 벌어져서 무려 여섯 명의 남학생들이 그녀에게 데이트를 신청했다고 한다. 물론 나도 ⓑ그중의 하나였다. 높은 경쟁을 뚫고 그녀의 선택을 받아 데이트 장소에 나갈 때 하늘을 날 것 같았던 기분은 지금도 기억에 생생하다.

카페 문을 열고 그녀가 들어오자 마치 20년 전 그때로 돌아간 기분이 들었다. 그녀는 별로 변한 것 같지 않았다. 걸을 때마다 기분 좋게 흩날리던 생머리도, 약간 삐친 듯 굳게 다물고 있던 도톰한 입술도, 호기심으로 가득한 어린아이 같은 반짝반짝 빛나는 눈도 여전히 그대로였다. 가끔 보이는 눈가의 주름만이 흘러간 시간을 보여 주었다. 20년 만의 만남이었지만 마치 어제 헤어졌다 다시 만난 사람들처럼 즐거운 대화를 나눌 수 있었다.

이제는 두 아이의 어머니가 되었다는 그녀. 만나기 전에는 솔직히 기대 반 두려움 반이었는데 여전히 순수하고 아름다운 그녀를 보니 만나기를 잘했다는 생각이 들었다. 누군가 ⓒ첫사랑은 다시 만나는 것이 아니라고 했지만 나는 그렇게 생각하지 않는다. 모습은 변했다 해도 첫사랑과 함께한 시간과 추억은 변하지 않고 영원히 기억 속에 남아 있는 것이니까…….

1. 글의 내용과 같은 것을 고르세요.
   ① 글쓴이가 첫사랑에게 전화를 했다.
   ② 글쓴이의 첫사랑은 겉모습이 많이 변했다.
   ③ 글쓴이는 첫사랑을 다시 만난 것을 후회하지 않는다.

2. ⓐ에 들어갈 수 있는 말로 제일 적당한 것을 고르세요.
   ① 눈에 콩깍지가 씌었다 ② 그녀에게 첫눈에 반했다 ③ 질신도 짝이 있었다

3. ⓑ는 무엇을 가리킵니까?
   ① MT에 간 학생들 ② 데이트를 신청한 학생들 ③ 우리 학교 남학생들

4. 사람들이 ⓒ와 같이 말하는 이유는 무엇일까요?

2. 사랑이란 49

읽기

목표 어휘와 문법이 포함된 다양한 글을 읽고 문제 풀이를 통해 이해를 확인하는 연습을 한다.

일러두기

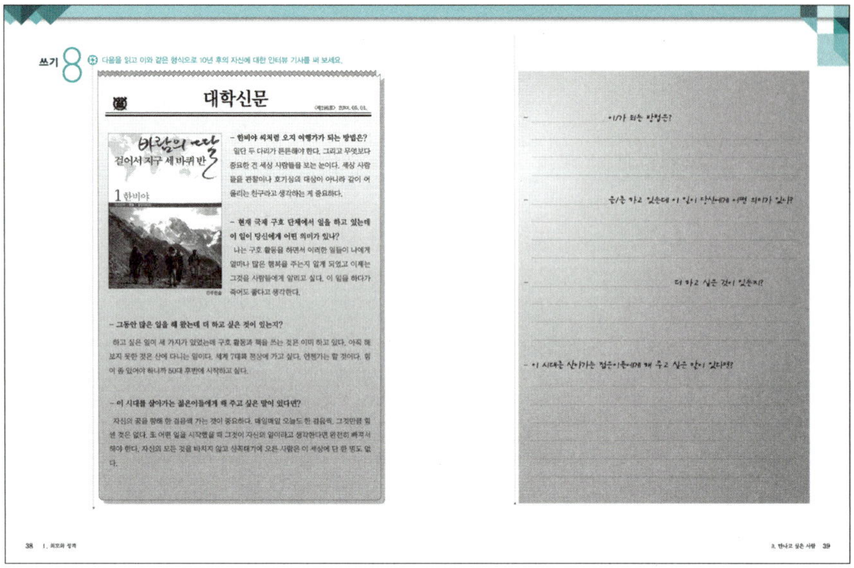

쓰기 8 다음을 읽고 이와 같은 형식으로 10년 후의 자신에 대한 인터뷰 기사를 써 보세요.

대학신문

– 한비야 씨처럼 오지 여행가가 되는 방법은?

일단 두 다리가 튼튼해야 한다. 그리고 무엇보다 중요한 건 세상 사람들을 보는 눈이다. 세상 사람들을 관찰이나 호기심의 대상이 아니라 같이 어울리는 친구라고 생각하는 게 중요하다.

– 현재 국제 구호 단체에서 일을 하고 있는데 이 일이 당신에게 어떤 의미가 있나?

나는 구호 활동을 하면서 이러한 일들이 나에게 얼마나 많은 행복을 주는지 알게 되었고 이제는 그것을 사람들에게 알리고 싶다. 이 일을 하다가 죽어도 좋다고 생각한다.

– 그동안 많은 일을 해 왔는데 더 하고 싶은 것이 있는지?

하고 싶은 일이 세 가지가 있었는데 구호 활동과 책을 쓰는 것은 이미 하고 있다. 아직 해 보지 못한 것은 산에 다니는 일이다. 세계 7대륙 정상에 가고 싶다. 언젠가는 할 것이다. 힘이 좀 있어야 하니까 50대 후반에 시작하고 싶다.

– 이 시대를 살아가는 젊은이들에게 해 주고 싶은 말이 있다면?

자신의 꿈을 향해 한 걸음씩 가는 것이 중요하다. 매일매일 오늘도 한 걸음씩. 그것만큼 힘센 것은 없다. 또 어떤 일을 시작했을 때 그것이 자신의 일이라고 생각한다면 완전히 빠져서 해야 한다. 자신의 모든 것을 바치지 않고 산꼭대기에 오른 사람은 이 세상에 단 한 명도 없다.

– 이/가 되는 방법은?

– 을/를 하고 있는데 이 일이 당신에게 어떤 의미가 있나?

– 더 하고 싶은 것이 있는지?

– 이 시대를 살아가는 젊은이들에게 해 주고 싶은 말이 있다면?

쓰기

목표 어휘와 문법을 활용하여 주교재에서 이루어진 학습 내용을 정리하여 쓰도록 한다.

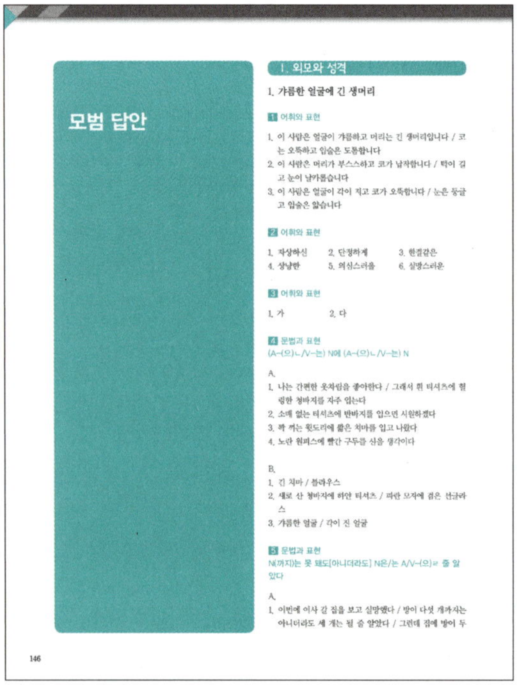

모범 답안

1. 외모와 성격

1. 갸름한 얼굴에 긴 생머리

1 어휘와 표현

1. 이 사람은 얼굴이 갸름하고 머리는 긴 생머리입니다 / 코는 오뚝하고 입술은 도톰합니다
2. 이 사람은 머리가 부스스하고 코가 납작합니다 / 턱이 길고 눈이 날카롭습니다
3. 이 사람은 얼굴이 각이 지고 코가 오뚝합니다 / 눈은 동글고 입술은 얇습니다

2 어휘와 표현

1. 자상하신 2. 단정하게 3. 한결같은
4. 상냥한 5. 의심스러울 6. 실망스러운

3 어휘와 표현

1. 가 2. 다

4 문법과 표현
(A-(으)ㄴ/V-는) N에 (A-(으)ㄴ/V-는) N

A.
1. 나는 간편한 옷차림을 좋아한다 / 그래서 흰 티셔츠에 헐렁한 청바지를 자주 입는다
2. 소매 없는 티셔츠에 반바지를 입으면 시원하겠다
3. 꽉 끼는 윗도리에 짧은 치마를 입고 나왔다
4. 노란 원피스에 빨간 구두를 신을 생각이다

B.
1. 긴 치마 / 블라우스
2. 새로 산 청바지에 하얀 티셔츠 / 파란 모자에 검은 선글라스
3. 갸름한 얼굴 / 각이 진 얼굴

5 문법과 표현
N(까지)는 못 돼도[아니더라도] N은/는 A/V-(으)ㄹ 줄 알았다

A.
1. 이번에 이사 갈 집을 보고 실망했다 / 방이 다섯 개까지는 아니더라도 세 개는 될 줄 알았다 / 그런데 집에 방이 두

146

모범 답안

워크북에 제시된 연습 문제의 모범 답안을 확인할 수 있다.

차례 Contents

교재 구성표

제목	문법	어휘	읽기 및 쓰기
Ⅰ. 외모와 성격			
1. 갸름한 얼굴에 긴 생머리	• (A-(으)ㄴ/V-는) N에 (A-(으)ㄴ/V-는) N • N(까지)는 못 돼도 N은/는 A/V-(으)ㄹ 줄 알았다 • V-는 둥 마는 둥	외모와 옷차림	그림 보고 외모 묘사하는 단락 쓰기
2. A형 성격과 B형 성격	• A/V-다는 소리를 듣다 • A/V-다는 인상을 주다 • V-는 한이 있어도	성격	자신의 성격을 묘사하는 글 쓰기
3. 만나고 싶은 사람	• V-는 등 (N에) 재능을 발휘하다 • N을/를 시작으로 N을/를 거쳐 N을/를 맡다 • V-(으)ㄴ 바 있다 • N인지/일까	음악 공연	10년 후 자신에 대한 인터뷰 기사 쓰기
Ⅱ. 사랑하는 마음			
1. 사랑의 손길	• V-다시피 • 너나없이 (모두) • N(이)나마 • V-고자	불우 이웃 및 불우 이웃 돕기	편지에 알맞은 계절 인사 쓰기
2. 사랑이란	• A/V-(으)ㄹ 지경이다 • 생각다 못해 • N(이)란 N은/는 모두	사랑	사랑에 대한 글 읽고 내용 파악하기
Ⅲ. 가정과 사회			
1. 변화하는 가족	• A-(으)ㄴ/V-는 데(에) 비해 • N의 특징은 A/V-다는 데(에) 있다 • A-(으)ㄴ가/V-는가 하면 • A-(으)ㄴ/V-는 데(에) 반해	가족 제도	가족 제도에 대한 글 읽고 알맞은 말 넣기
2. 행복한 가정을 위해	• V-(으)ㅁ에 따라 • 단 • N 및 N	단체나 기관의 업무	다문화 가정 지원 공고문 읽고 내용 파악하기
3. 듣고 싶은 말	• A/V-다는 응답이 N에 달하다 • N은/는 N에 그치다 • V-는 경향이 있다	설문 조사	배우자의 조건에 대한 설문 조사 기사 읽고 내용 파악하기

제목	문법	어휘	읽기 및 쓰기
Ⅳ. 직업과 직장			
1. 일하는 사람들	• N의 (대표적인) 예로 N을/를 들다 • N 외 • A/V-다면	직업	유망 직업 소개하는 단락 쓰기
2. 취업 준비	• 아래와 같이 • V-(으)오니 • N에 한하여	직원 채용 및 입사 지원	양식을 갖춘 자기소개서 쓰기
Ⅴ. 가르침과 배움			
1. 학교 이야기	• N이/가 중요한 역할을 하다 • N에서 N의 비중이 높다 • N(으)로 인해	교육 및 시험	대안 학교에 대한 글 읽고 내용 파악하기
2. 한석봉의 어머니	• A-(으)ㄴ/V-는 탓 • A/V-(으)면 그만이다 • A/V-(으)ㄹ뿐더러 • 이래 가지고(서)(야)	사람의 능력	한글 학습에 대한 글 읽고 내용 파악하기
3. 공부 잘하는 비결	• V-(으)ㅁ으로써 • N을/를 통해서 • A-(으)ㄴ/V-는 면이 있다 • N은/는 N을/를 보여 주는 좋은 예이다	교육 및 학습	자기 관리에 대한 글 읽고 내용 파악하기
Ⅵ. 한국 탐구			
1. 한국인 이해하기	• A-기 그지없다 • A/V-기에 • A/V-지 않을까 하다	사람의 기질	한국 생활에 대한 글 읽고 내용 파악하기
2. 한국의 멋	• A/V-(으)ㅁ에 틀림없다 • 한마디로 말하자면 • A-(으)ㄴ/V-는 점이 특징적이다 • N을/를 N(으)로 꼽다	모양 묘사	한국의 멋을 소개하는 글 쓰기

I 외모와 성격

1 갸름한 얼굴에 긴 생머리

어휘 외모와 옷차림

문법
- (A-(으)ㄴ/V-는) N에 (A-(으)ㄴ/V-는) N
- N(까지)는 못 돼도 N은/는 A/V-(으)ㄹ 줄 알았다
- V-는 둥 마는 둥

의사소통 기술 그림 보고 외모 묘사하는 단락 쓰기

2 A형 성격과 B형 성격

어휘 성격

문법
- A/V-다는 소리를 듣다
- A/V-다는 인상을 주다
- V-는 한이 있어도

의사소통 기술 자신의 성격을 묘사하는 글 쓰기

3 만나고 싶은 사람

어휘 음악 공연

문법
- V-는 등 (N에) 재능을 발휘하다
- N을/를 시작으로 N을/를 거쳐 N을/를 맡다
- V-(으)ㄴ 바 있다
- N인지/일까

의사소통 기술 10년 후 자신에 대한 인터뷰 기사 쓰기

1. 갸름한 얼굴에 긴 생머리

어휘와 표현 1

다음과 같이 알맞은 말을 골라 써 보세요.

각이 지다 둥글다 갸름하다 오뚝하다 부스스하다
납작하다 날카롭다 도톰하다 얇다

1. 

이 사람은 얼굴이 갸름하고 머리는 긴 생머리입니다.
코는 오뚝하고 입술은 도톰합니다.

2. 

______________________________.
______________________________.

3. 

______________________________.
______________________________.

어휘와 표현 2

______에 알맞은 말을 써서 문장을 완성해 보세요.

단정하다 상냥하다 한결같다 자상하다 의심스럽다 실망스럽다

1. 우리 아버지는 우리들에게 유난히 ____________ 분이었다. 항상 웃으시면서 우리 형제들에게 필요한 것을 하나하나 살펴 챙겨 주셨다.

2. 오늘은 면접을 보는 날이다. 좋은 인상을 주기 위해 머리를 잘 빗고 옷도 ____________ 입고 집을 나섰다.

3. 어떤 사람들은 성격이 서로 안 맞아서 사이가 멀어지기도 한다. 그러나 나와 내 친구는 20년이 넘도록 ____________ 우정을 나누고 있다.

4. 우리 사무실 1층에 있는 은행에는 얼굴에 항상 미소를 띠고 부드러운 목소리로 이야기하는 ______________ 여직원이 한 사람 있다.

5. 나와 언니는 얼굴도 다르고 성격도 아주 다르다. 또한 나는 키가 큰데 언니는 작다. 그래서 나는 가끔 우리가 정말로 자매가 맞는지 ______________ 때가 있다.

6. 인생을 살다 보면 가끔 화가 나는 일도 있고 ______________ 일도 생긴다. 그럴 때일수록 마음을 편하게 가지고 한 걸음 떨어져서 보려고 하는 태도가 중요하다.

어휘와 표현 3

다음을 읽고 알맞은 것을 고르세요.

(가) (나) (다)

1. 이 사람은 단정한 머리에 얼굴은 갸름한 편이에요.
큰 안경을 쓰고 체크무늬 셔츠를 입어서 모범생 같다는 인상을 줘요.
➜ (   )

2. 이 사람은 갸름한 얼굴에 긴 생머리를 묶고 긴 치마에 흰 재킷을 입었어요.
따뜻한 인상이에요.
➜ (   )

문법과 표현 4

(A-(으)ㄴ/V-는) N에 (A-(으)ㄴ/V-는) N

A 다음 표를 보고 문장을 만들어 보세요.

1	흰 티셔츠	헐렁한 청바지
2	소매 없는 티셔츠	반바지
3	꽉 끼는 윗도리	짧은 치마
4	노란 원피스	빨간 구두

1. 나는 간편한 옷차림을 좋아한다. 그래서 흰 티셔츠에 헐렁한 청바지를 자주 입는다.

2. 날씨가 무척 덥다. ______________________.

3. 오랜만에 친구를 만났다. 친구는 ______________________.

4. 친구 결혼식에 가려고 한다. ______________________.

B ________에 알맞은 말을 써서 문장을 완성해 보세요.

1. 앙리 씨는 어떤 옷차림을 좋아해요?
   저는 청바지에 티셔츠 입는 게 좋아요. 수지 씨는요?
   전 ______________에 ______________을/를 입는 것을 좋아해요.

2. 여행을 떠나던 날 우리들은 기차를 타기 위해 서울역에 모였다. 나는 희고 큰 모자를 쓰고 ______________________를 입었다. (새로 산 청바지, 하얀 티셔츠) 한 친구는 ______________________를 끼고 나타났다. (파란 모자, 검은 선글라스) 대부분 간편한 옷차림에 운동화를 신고 모자를 쓰고 왔다. 우리는 기차를 타고 즐거운 여행을 시작했다.

3. 내 친구 미영이는 ______________________(갸름하다, 얼굴)에 눈이 크고 피부가 흰 편이다. 그래서 미인이라는 말을 많이 듣는다. 또 한 친구 영진이는 조금 ______________________(각이 지다, 얼굴)에 피부가 검은 편이지만 키도 크고 아주 멋있는 친구다.

문법과 표현 5

N(까지)는 못 돼도[아니더라도] N은/는 A/V-(으)ㄹ 줄 알았다

A 다음 표를 보고 문장을 만들어 보세요.

1	방 다섯 개	세 개	집에 방이 두 개밖에 없다
2	그림 같은 호텔	웬만한 숙소	건물이 너무 작고 낡다
3	100만 원	50만 원	상금이 10만 원밖에 안 되다
4			몸무게가 500g밖에 빠지지 않다

1. 이번에 이사 갈 집을 보고 실망했다. 방이 다섯 개까지는 아니더라도 세 개는 될 줄 알았다. 그런데 집에 방이 두 개밖에 없었다.

2. 이번 여행의 숙소는 너무 실망스러웠다. ______________________
______________________. ______________________.

3. 이번 대회에 별로 나가고 싶지 않다. 상금이 ______________________
______________________. ______________________.

4. 운동을 그렇게 열심히 했는데 별로 효과가 없었다. ______________________
______________________. ______________________.

B ________에 알맞은 말을 써서 문장을 완성해 보세요.

1. 생일 선물로 받은 ____________ 어때요?

   ____________까지는 아니더라도 ______________________________.

   그런데 ____________________ 실망했어요.

2. 어제 친구가 좋은 사람을 소개해 준다고 해서 나갔다. 친구 얘기로는 키가 크고 영화배우같이 생겼다고 해서 기대를 많이 하고 나갔다. 그런데 실제로 보고 무척 실망스러웠다. 키는 ______________________________ (180cm, 보통은 되다) 나보다도 작았다. 얼굴도 ______________________________ (영화배우, 중간은 되다) 너무 못생겨서 속상했다.

3. 어머니가 어제 나와 동생을 야단치셨다. 우리가 겨울 방학 동안 아침 일찍 일어나 청소도 하고 식사 준비와 설거지도 돕겠다고 하고 제대로 안 지켰기 때문이다. 어머니는 ______________________________ (아침 일찍, 8시쯤에는 일어나다), ______________________________ (집안 청소, 각자 방 정리는 해야 하다) ____________ 않느냐고 하셨다.

문법과 표현 6

V-는 둥 마는 둥

A 다음 표를 보고 문장을 만들어 보세요.

1	시간이 없다	아침을 먹다
2	내용이 너무 어렵다	책을 읽다
3	피곤하고 졸리다	일을 하다
4	너무 지루하다	영화를 보다

1. 오늘 아침에는 늦잠을 잤어요. 그래서 시간이 없어서 아침을 먹는 둥 마는 둥 했어요.

2. 그 책을 어제 샀어요. 그런데 ________________________________.

3. 어제 너무 늦게 잤어요. 그래서 오늘 ________________________________.

4. 친구와 영화를 보러 갔어요. 그런데 ________________________________.

B ________에 알맞은 말을 써서 문장을 완성해 보세요.

1.  어제 전시회는 잘 봤어요?

 ____.

2. 요즘 새 학기가 시작되어서 바쁘고 정신이 없다. 오늘 아침에도 시간이 없다 보니 밥을 ________________(먹다) 하고 학교에 왔다. 게다가 어제는 여러 가지 일을 생각하느라고 잠도 ________________(자다) 해서 지금도 무척 피곤하다.

3. 내 동생은 요즘 심각한 고민이 있는 것 같다. 그렇지 않으면 그렇게 모든 일을 ________________(하다) 할 리가 없다. 밥도 ________________(먹다), 책도 ________________(보다) 한다. 보통 때의 동생이 아니다. 무슨 고민이 있는지 오늘은 꼭 물어봐야겠다.

쓰기 7

A 다음과 같이 알맞은 말을 골라 써 보세요.

1	얼굴	갸름하다, 각이 지다, 넓적하다, 둥글다
2	머리	곱슬머리, 생머리, 길다, 짧다, 부스스하다, 단정하다
3	눈, 코, 입	크다, 작다, 오뚝하다, 높다, 낮다, 도톰하다, 얇다, 날카롭다
4	인상	따뜻하다, 차갑다, 날카롭다, 무섭다, 자상하다, 부드럽다

1.

〈모나리자〉
레오나르도 다빈치

얼굴이 갸름하다
머리가 길고 생머리다
코가 오뚝하다
입이 작다
인상이 부드럽다

2.

〈자화상〉
빈센트 반 고흐

3.

〈윤두서상〉
윤두서

B 위의 2, 3에서 하나를 골라 다음과 같이 써 보세요.

1 이 그림은 유명한 화가 레오나르도 다빈치가 그린 <모나리자>입니다. 이 그림 속의 여인은 갸름한 얼굴에 코가 오뚝하고 긴 생머리에 입이 작은 편입니다. 잔잔한 미소를 띠고 있어서 부드러운 인상을 줍니다.

2. A형 성격과 B형 성격

어휘와 표현 1

다음 말의 의미를 (가), (나), (다)로 구분하고 ______에 알맞은 말을 써서 문장을 완성해 보세요.

편안하다	까다롭다	느긋하다	털털하다	소심하다
내성적이다	외향적이다	적극적이다	소극적이다	낙관적이다
냉정하다	따뜻하다	차갑다	꼼꼼하다	상냥하다
급하다	불같다	관대하다	이기적이다	차분하다
완벽하다	빈틈이 없다	경쟁심이 강하다	참을성이 있다	참을성이 없다
여유가 있다	인정이 많다			

(가) 긍정적 의미	(나) 부정적 의미	(다) 둘 다 쓸 수 있는 것
편안하다	까다롭다	______
______	______	______
______	______	______
______	______	______
______	______	______

1. 우리 부장님은 ______ 소리를 많이 들어요. 모든 일을 꼼꼼하게 빈틈없이 하고 조그마한 실수도 전혀 안 하시니까요.

2. 저는 사람들이 어떻게 생각할까 걱정하느라고 무슨 일을 잘 못하는 편이에요. 그래서 사람들이 저에게 좀 ______ 해요. 저는 이런 저의 성격을 고치고 싶어요.

3. 내성적인 우리 형과 달리 나는 좀 ______. 그래서 친구도 많고 뭐든지 자신감 있게 하는 편이다. 또한 내 생각을 감추지 않고 밖으로 잘 표현한다.

4. 그분은 마음에 들지 않는 일은 그냥 넘어가는 경우가 없고 작은 실수도 용서하지 않아요. 그분 마음에 들게 일하기가 어려울 정도로 ______ 분이지만, 그래도 그분 밑에서 일을 배우면 일을 확실하게 배울 수 있어요.

5. 회사에서는 자기가 맡은 일만 하는 사람보다는 일을 시키기 전에 스스로 찾아서 할 줄 아는 ________________ 사람을 뽑으려고 한다.

6. 우리 아버지는 성격이 굉장히 ________________ 웬만한 일은 걱정을 안 하신다. 우리들한테도 항상 모든 일이 잘될 거라고 말씀하신다.

어휘와 표현 2

관계있는 것끼리 연결해 보세요.

1. 
우리 할머니는 마음이 따뜻하고 남에게 친절하며 어려운 일을 겪는 사람들을 잘 도와주시는 분이에요.

2. 
나는 혼자 조용히 있는 것을 좋아하고 내 생각을 겉으로 잘 표현하지 않는 편이에요.

3. 
나는 여행 갈 때 작은 것 하나하나까지도 잘 챙기고 내 물건을 잃어버린 적이 없어요.

4. 
우리 오빠는 뭐든지 빨리빨리 하려고 해요. 어디 가서 줄을 서거나 기다리는 것도 싫어해요.

5. 
우리 언니는 매사에 까다롭지 않고 성격이 시원해요. 작은 일들에 별로 신경을 많이 안 쓰는 편이에요.

- 급하다
- 인정이 많다
- 내성적이다
- 털털하다
- 꼼꼼하다

어휘와 표현 3

________에 공통적으로 들어갈 말을 찾아서 문장을 완성해 보세요.

구분되다	무리하다	민감하다	성취하다

1. 일반적으로 혈액형은 A형, B형, O형과 AB형으로 ________________.
   대학 기숙사는 보통 여자 방과 남자 방으로 ________________.

2. 이 기계는 온도에 ________________ 항상 일정하게 실내 온도를 맞춰야 한다.
   누구나 자신에 대한 사람들의 이야기에는 ________________ 반응하는 것 같다.

3. 사람은 꿈꾸고 노력하고 ________________ 때 행복을 느낀다.
   어렵게 취직에 성공한 아들을 보며 어머니는 소원을 ________________면서 기뻐했다.

4. 그 회사는 사업 규모를 ________________ 늘리려고 하다가 오히려 손해를 봤다.
   다른 사람의 ________________ 요구를 잘 거절할 줄도 알아야 한다.

문법과 표현 4

A/V-다는 소리를 듣다

A 관계있는 말을 연결하고 문장을 만들어 보세요.

1	잘 참지 못하다 •		• 여유가 있다
2	완벽하게 하다 •		• 빈틈이 없다
3	느긋한 편이다 •		• 참을성이 없다
4	이기려고 하다 •		• 경쟁심이 강하다

1. 그는 무슨 일이든 잘 참지 못해서 참을성이 없다는 소리를 듣는다.

2. 내 친구는 일을 할 때 ____.

3. 나는 성격이나 행동이 ____.

4. 그 사람은 어떤 일이든지 ____.

B ________에 알맞은 말을 써서 문장을 완성해 보세요.

1. ________ 씨는 어떤 성격이 부러우세요?

   저는 성격이 좀 ______________ 소리를 많이 듣거든요. 그래서 __________ 성격이 부러워요.

2. 그 친구는 누구에게나 친절하게 대합니다. 그리고 항상 미소를 띠며 사람들의 질문에 대답하기 때문에 __________________________(상냥하다). 그렇지만 먼저 무슨 일을 하겠다고 나서거나 어떤 일을 앞장서서 하는 편은 아니라서 __________________________(소극적이다).

3. 점심 먹으러 갈까요? 길 건너 국숫집 어때요?

   거기는 별로 맛도 없고 깨끗하지가 않은 것 같아요.

   난 괜찮던데. 그럼 그 옆에 있는 식당으로 갈까요?

   거기는 김치가 맛이 없고 조미료가 많이 들어간 것 같아요.

   아이고, 그러니까 사람들한테 __________________________(까다롭다).

문법과 표현 5

A/V-다는 인상을 주다[받다]

A 관계있는 말을 연결하고 문장을 만들어 보세요.

1	눈이 날카롭다 •	• 털털하다
2	눈물이 많다 •	• 이기적이다
3	자기 입장만 생각하다 •	• 냉정하다
4	외모에 별로 신경 쓰지 않다 •	• 인정이 많다

1. 내 친구는 눈이 날카롭고 별로 웃지 않는다. 그래서 사람들에게 냉정하다는 인상을 준다.

2. 그분은 ______________________________.
______________________________.

3. 그 사람은 ______________________________.
______________________________.

4. 그는 ______________________________.
______________________________.

B ________에 알맞은 말을 써서 문장을 완성해 보세요.

1. ________ 씨를 처음 봤을 때 좀 ________아/어서 ________ 인상을 받았어요.
   네, 제가 그런 소리를 가끔 들어요.

2. 저는 ______________________________ 편이에요.

그러면 사람들에게 ______________________다는 인상을 주지 않을까요?

네, 제가 좀 그런 인상을 준대요.

3. 영철 씨는 평소에 조용하고 무슨 일이 있을 때도 당황하지 않고 행동하기 때문에 사람들에게 ______________________(차분하다). 반면에 미영 씨는 무슨 일이 있으면 목소리부터 커지고 감정을 밖으로 잘 드러내기 때문에 ______________________(흥분을 잘하다).

문법과 표현 6

V-는 한이 있어도[있더라도]

A 다음 표를 보고 문장을 만들어 보세요.

1	부모님이 우리 결혼을 반대하신다	죽다
2	운전면허 시험에 또 떨어졌다	시험을 열 번 보다
3	출근길의 지하철이 만원이다	숨이 막히다
4	일이 너무 많아 피곤하다	

1. 부모님이 우리 결혼을 반대하신다. 그러나 죽는 한이 있어도 우리는 헤어질 수 없다.

2. ______________________. ______________________ ______________________.

3. ______________________. ______________________ ______________________.

4. ______________________. ______________________ ______________________.

B ________에 알맞은 말을 써서 문장을 완성해 보세요.

1. 그 사람과 만나지 마. 너에게 상처만 줄 거야.

   ________________ 한이 있더라도 나는 그 사람과 헤어질 수 없어.

2. 그 피아니스트는 최고의 자리에서 청중들의 사랑을 받을 때 암에 걸렸다. 의사는 피아노를 계속할 수 없을 거라고 했지만 그녀는 암을 이기고 다시 무대에 서게 되었다. 그녀는 ________________(생명과 바꾸다) 피아노를 포기할 수 없었고 ________________(무대에서 죽다) 음악을 포기할 수 없었다고 말했다.

3. 그 사업가는 몇 번의 실패 끝에 드디어 지금의 성공을 이루었다. 처음에는 잘되는 듯하던 사업이 점점 어려워지면서 충격이 컸지만 ________________(밑바닥부터 다시 시작하다) 그만둘 수는 없었다고 한다. 그 후로도 여러 차례 어려움을 겪었지만 ________________(또다시 실패하다) 끝까지 간다는 생각으로 노력해 결국 성공을 했다고 한다.

쓰기 7

다음 중 자신의 성격과 관련된 말에 표시해 보세요.

□ 털털하다	□ 느긋하다	□ 관대하다	□ 소극적이다	□ 내성적이다
□ 꼼꼼하다	□ 급하다	□ 까다롭다	□ 적극적이다	□ 외향적이다
□ 편안하다	□ 이기적이다	□ 낙관적이다	□ 참을성이 있다	□ 참을성이 없다
□ 소심하다	□ 냉정하다	□ 차분하다	□ 상냥하다	□ 불같다
□ 인정이 많다	□ 여유가 있다	□ 빈틈이 없다	□ 경쟁심이 강하다	

다음과 같이 자신의 성격에 대해 써 보세요.

나는 성격이 좀 급한 편이다. 그래서 무슨 일을 할 때 잘 참고 기다리지를 못한다. 그리고 항상 서두르다가 실수를 하는 경우가 많기 때문에 좀 성격이 느긋하고 여유가 있는 사람이 부럽다. 그렇지만 다른 사람을 배려하고 이해하려고 노력하기 때문에 사람들한테 인정이 많고 따뜻한 사람이라는 소리를 듣는다. 그래서 아직 한 번도 이기적이라는 말은 들어 본 적이 없다. 그리고 다른 사람한테 관대하고 무슨 일에든 까다롭지 않아서 친구들한테도 털털하다는 인상을 주는 것 같다. 또 하고 싶은 말도 잘하고 스스로 할 일을 찾아서 열심히 하기 때문에 외향적이고 적극적이라는 소리도 듣는다. 그렇지만 경쟁심이 강하고 참을성이 없어서 차분하다는 인상을 주지는 못하는 것 같다. 앞으로 내 성격의 장점을 살리고 단점은 없애도록 노력해서 느긋하고 여유 있는 사람이 되고 싶다.

3. 만나고 싶은 사람

어휘와 표현 1

다음을 읽고 ______ 에 알맞은 말을 써넣으세요.

주최　　후원　　연주회　　교향악단

대학신문

20xx. 12. 01.

한 해를 마감하는 송년 음악회

한 해를 마감하는 송년 음악회가 오는 12월 30일 세종문화회관에서 열린다. 이번 공연에서는 세계적인 지휘자 정명훈 씨가 서울방송 1)__________을/를 지휘하여 베토벤의 교향곡 9번 '합창'을 들려준다. 이번 2)__________은/는 서울방송이 3)__________하는 것인데 한국자동차가 공연 비용 전액을 4)__________해 주어서 시민들에게 무료로 표를 배포하고 있다.

어휘와 표현 2

관계있는 것끼리 연결하고 ______ 에 알맞은 말을 써넣으세요.

앞으로 갈 방향이나 길 •	• 열정
어느 한쪽으로 치우치지 않음 •	• 균형
어떤 일에 열중하는 마음 •	• 진로
어떤 사업이나 연구 등에서 세운 공적 •	• 업적

* CEO
최고 경영자

1. 한국의 50대 CEO*들의 가장 두드러진 공통점은 자신이 하고 있는 일에 대한 불타는 ________ (이)라고 합니다.

2. 이번 음악회는 애국가를 작곡하고 세계 200여 개의 교향악단을 지휘한 바 있는 고 안익태 선생의 ________ 을/를 기념하기 위한 것이다.

3. 대학생 때 그는 원래 화가가 되려고 했다. 하지만 다른 친구들보다 재능이 부족하다는 것을 깨달은 뒤 화가가 되려는 꿈을 포기하고 미술 평론가로 ________ 을/를 바꾸었다.

4. 요즘 직장인들은 시간에 쫓겨 제대로 된 식사를 못 하는 경우가 많다. 그렇지만 야채와 육류가 포함된 ________ 잡힌 식사를 하지 못하면 나중에 건강에 심각한 문제가 생기게 된다.

어휘와 표현 3

________ 에 알맞은 말을 써서 문장을 완성해 보세요.

잔잔하다 발휘하다 수상하다 입상하다 위대하다

1. 2004년 아테네 올림픽에서 한국 여자 핸드볼 팀은 선수가 부족하여 은퇴한 선수들을 모아 출전했다. 하지만 굳은 의지와 열정으로 은메달을 땄고 귀국 후에 정부가 주는 대한민국 체육상을 ________.

2. 이 책에는 한글을 창제한 세종대왕, 수많은 환자를 치료한 허준 등 한국의 ________ 위인들의 생애와 업적이 담겨 있다.

3. 차이코프스키 콩쿠르에서 한국 학생 두 명이 각각 1등과 3등에 ________.

4. 우리 회사는 직원들이 자신의 능력을 최대한 ________ 수 있는 환경을 만들기 위해 노력하고 있다.

5. 바다에서는 파도가 너무 ________ 날보다 적당히 파도가 치는 날에 물고기가 잘 잡힌다.

문법과 표현 4

V-는 등 (N에) 재능[능력]을 발휘하다,
N에 재능[능력]을 발휘하다

A 다음 표를 보고 문장을 만들어 보세요.

1	모차르트는 3살부터 피아노를 치다	5살에 작곡을 하다
2	그 사람은 6살에 영어를 유창하게 하다	10살에 3개 국어를 하다
3	수미 씨는 태권도 대회에서 입상하다	각종 수영 대회에서 우승하다
4	그 아이는 3살 때 더하기 빼기를 하다	

1. 모차르트는 3살부터 피아노를 치고 5살에 작곡을 하는 등 어릴 때부터 음악에 재능을 발휘했대요.

2. ______________________________
______________________________.

3. ______________________________
______________________________.

4. ______________________________
______________________________.

B ________에 알맞은 말을 써서 문장을 완성해 보세요.

1. 그 사람은 7살에 ______________ 등 재능을 발휘했대요.
아, 어릴 때부터 ________에 재능을 보였군요.

2. 그 사람은 ______________________________
______________ 등 ______________에 재능을 발휘했다고 한다.

3. 그 천재 소년은 9살에 ______________________________

______________________________ 등 수학에 재능을 발휘했다. 그러나 지나친 스트레스를 견디지 못하고 평범한 사람으로 사는 것을 선택했다.

문법과 표현 5

N을/를 시작으로 N을/를 거쳐 N을/를 맡다[하다]

A 관계있는 말을 연결하고 문장을 만들어 보세요.

1	우리 사장님은 평사원 출신이다	LG, 삼성, SK
2	그 사람은 다양한 경력을 가지고 있다	자동차 영업 사원, 요리사, 여행사
3	민수 씨는 계속 대기업에서만 일해 왔다	평사원, 이사, 사장
4	마이클 씨는 음악에 관련된 일만 해 오고 있다	음반 회사 직원, 악기상, 음악 평론지 사장

1. 우리 사장님은 평사원 출신이다. 평사원을 시작으로 이사를 거쳐 사장을 맡고 계신다.

2. ______________________________. ______________________________

______________________________.

3. ______________________________. ______________________________

______________________________.

4. ______________________________. ______________________________

______________________________.

B ________에 알맞은 말을 써서 문장을 완성해 보세요.

지금까지 어떤 일을 해 오셨는지 이야기해 주시기 바랍니다.

네, 저는 ____________을/를 시작으로 ____________을/를 거쳐 지금은 ____________에서 일하고 있습니다.

C 다음을 앞 문형을 사용하여 바꿔 써 보세요.

1. 유하영 씨는 보험 회사에서 보험 설계사로 잠시 일하다가 □□상사 국제부 대리로 몇 년 일했고 현재는 ○○은행에서 국제부 팀장으로 일하고 있다.

➜ ____

____.

2. 김민석 씨는 처음에는 동대문 구청에서 공무원으로 일하다가 2003년에 □□상사에 대리로 들어갔고 작년부터는 ○○전자에서 과장으로 일하고 있다.

➜ ____

____.

문법과 표현 6

V-(으)ㄴ 바 있다

A 관계있는 말을 연결하고 문장을 만들어 보세요.

1	그 피아니스트 •	• 대학 시절에 만나다
2	그 사람의 선행 •	• 지난 연주에서 증명되다
3	그 지휘자의 능력 •	• 각종 대회에서 입상하다
4	그 두 사람 •	• 이미 여러 신문에 보도되다

1. 그 피아니스트는 각종 대회에서 입상한 바 있으니 이번 대회에서도 좋은 성적을 낼 것이다.

2. ________________
이름은 아직도 밝혀지지 않고 있다.

3. ________________
이번 연주도 걱정할 것 없다.

4. ________________
서로 그 사실을 기억하지 못하는 것 같다.

B ________에 알맞은 말을 써서 문장을 완성해 보세요.

1. ________ 씨는 일찍부터 ________(으)로 유명했다지요?
네. 12살 때 이미 ________________ 바 있습니다.

2. ○○항공은 "과거 경제 위기 당시 직원들의 무급 휴직을 실시하는 등 ________(어려움을 겪다) ________ 현재는 그렇게 어려운 상황은 아니다."라고 말했다.

* **명예퇴직**
퇴직할 나이가 되기 전에 스스로 신청해서 퇴직하는 것.

3. 한국은행이 올해 하반기에 대규모 명예퇴직*을 실시한다고 밝혔다. 한국은행은 지금까지 1994년 53명, 1995년 313명, 1998년 647명, 2003년 21명, 2007년 31명 등 90년대 이후 5차례에 걸쳐 명예퇴직을 ________________(실시하다).

문법과 표현 7

N인지/일까

A 다음 표를 보고 문장을 만들어 보세요.

1	지금 너에게 중요한 일	무엇	잘 생각해 보다
2	수미가 만나는 사람	누구	궁금하다
3	한국에 사는 외국인이 제일 가 보고 싶어 하는 곳	어디	

1. 지금 너에게 중요한 일이 무엇인지 잘 생각해 봐야 한다.

2. ______________________________.

3. ______________________________

______________________________.

B ______에 알맞은 말을 써서 문장을 완성해 보세요.

1. ______ 씨가 요즘 안 보이네요. 혹시 무슨 일인지 아세요?

   아뇨. 저도 ______________ 궁금해요.

2. 요즘 같은 불경기에 저 음식점에만 손님이 끊이지 않고 줄을 서는 이유는

   ______? ______? ______? ______?
   무엇 서비스 음식 맛 가격

A-(으)ㄴ지/V-는지, A/V-(으)ㄹ까

A 다음 표를 보고 문장을 만들어 보세요.

1	진수가 많이 아파 보였다	지금은 괜찮다	걱정되다
2	수미 씨가 돌아왔다	여행이 어땠다	궁금하다
3	마이클이 어제 학교에 안 왔다		

1. 진수가 많이 아파 보였는데 지금은 괜찮은지 걱정돼서 오후에 집에 가 보려고 해요.

2. ______________________________.

3. ______________________________.

B ________에 알맞은 말을 써서 문장을 완성해 보세요.

1.  ____________ 씨가 ______________________ 궁금해요.

 한번 전화해서 물어볼까요?

2. 지금 국립중앙박물관에서 조선 시대 궁중 생활 특별전이 열리고 있다. 항상 조선 시대 궁중 생활이 ____________ 궁금했는데 이번에 가서 보려고 한다.
   (어땠다)

쓰기 8

다음을 읽고 이와 같은 형식으로 10년 후의 자신에 대한 인터뷰 기사를 써 보세요.

대학신문

〈제198호〉 20xx. 05. 01.

ⓒ푸른숲

– 한비야 씨처럼 오지 여행가가 되는 방법은?

일단 두 다리가 튼튼해야 한다. 그리고 무엇보다 중요한 건 세상 사람들을 보는 눈이다. 세상 사람들을 관찰이나 호기심의 대상이 아니라 같이 어울리는 친구라고 생각하는 게 중요하다.

– 현재 국제 구호 단체에서 일을 하고 있는데 이 일이 당신에게 어떤 의미가 있나?

나는 구호 활동을 하면서 이러한 일들이 나에게 얼마나 많은 행복을 주는지 알게 되었고 이제는 그것을 사람들에게 알리고 싶다. 이 일을 하다가 죽어도 좋다고 생각한다.

– 그동안 많은 일을 해 왔는데 더 하고 싶은 것이 있는지?

하고 싶은 일이 세 가지가 있었는데 구호 활동과 책을 쓰는 것은 이미 하고 있다. 아직 해 보지 못한 것은 산에 다니는 일이다. 세계 7대륙 정상에 가고 싶다. 언젠가는 할 것이다. 힘이 좀 있어야 하니까 50대 후반에 시작하고 싶다.

– 이 시대를 살아가는 젊은이들에게 해 주고 싶은 말이 있다면?

자신의 꿈을 향해 한 걸음씩 가는 것이 중요하다. 매일매일 오늘도 한 걸음씩. 그것만큼 힘센 것은 없다. 또 어떤 일을 시작했을 때 그것이 자신의 일이라고 생각한다면 완전히 빠져서 해야 한다. 자신의 모든 것을 바치지 않고 산꼭대기에 오른 사람은 이 세상에 단 한 명도 없다.

- ______________ 이/가 되는 방법은?

- ______________ 을/를 하고 있는데 이 일이 당신에게 어떤 의미가 있나?

- ______________________ 더 하고 싶은 것이 있는지?

- 이 시대를 살아가는 젊은이들에게 해 주고 싶은 말이 있다면?

II 사랑하는 마음

1 사랑의 손길

어휘 불우 이웃 및 불우 이웃 돕기

문법
- V-다시피
- 너나없이 (모두)
- N(이)나마
- V-고자

의사소통 기술 편지에 알맞은 계절 인사 쓰기

2 사랑이란

어휘 사랑

문법
- A/V-(으)ㄹ 지경이다
- 생각다 못해
- N(이)란 N은/는 모두

의사소통 기술 사랑에 대한 글 읽고 내용 파악하기

1. 사랑의 손길

어휘와 표현 1

________에 알맞은 말을 써서 문장을 완성해 보세요.

결식아동　　노숙자　　독거노인　　소년 소녀 가장　　불우 이웃　　이재민

1. 방학 동안 가정 형편이 어려워서 점심을 제대로 못 먹는 ________________을/를 위해 정부에서는 지난달부터 식권을 발행하여 나누어 주고 있다.

2. 이 영화는 모든 재산과 직장을 잃고 길거리에서 생활하던 ________________ 신세에서 증권 회사 사장 자리까지 오른 크리스 가드너의 실화를 바탕으로 했습니다.

3. 중국에서는 진도 6.3이 넘는 지진으로 집을 잃은 수천 명의 ________________이/가 학교 체육관에서 밤을 새웠다.

4. 우리 동네 주민 센터는 사랑의 쌀 항아리를 두고, 자식의 도움 없이 혼자 생활하는 ________________, 어린 나이에 생활을 책임져야 하는 ________________ 등 생활이 어려운 주민들이 언제든지 쌀을 가져갈 수 있도록 하고 있다.

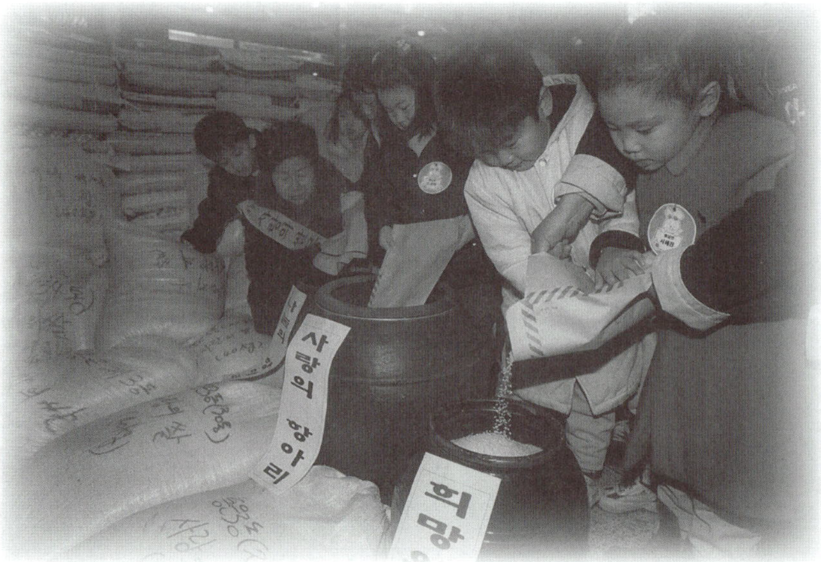

어휘와 표현 2

관계있는 것끼리 연결하고 ________에 알맞은 말을 써넣으세요.

"저는 강원도 지방에 홍수가 났다는 소식을 듣고 생필품을 보내려고 해요." •

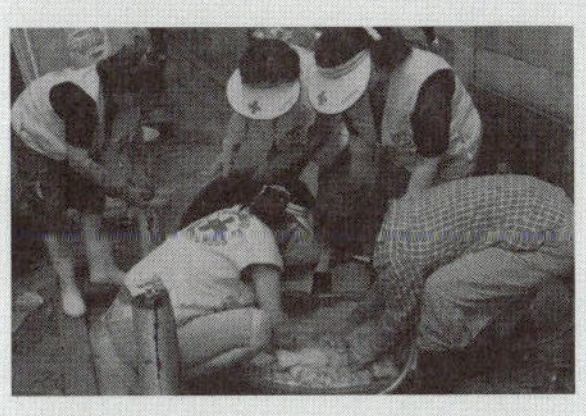

"저는 강원도 지방에 직접 가서 이재민들을 돕기로 했습니다." •

"저는 어제 명동에서 구세군 냄비에 10,000원을 넣었어요." •

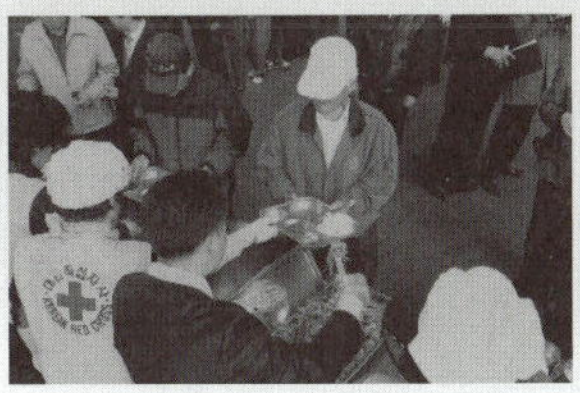

"저는 점심시간에 서울역에서 노숙자들에게 식사를 제공하는 일을 돕고 있어요." •

• 무료 급식을 하다

• 구호품을 보내다

• 구호 활동을 하다

• 성금을 내다

1. 지진으로 인해 피해를 입은 이재민들에게 세계 각국에서 생필품이 도착하고 있다. 우리 정부도 10억 원 상당의 구호품을 보낼 예정이라고 한다.

2. 점심시간에 서울역에서 ______________________ 사람들은 대부분 종교단체에서 나온 자원 봉사자들이다.

3. 연말이 되면 불우 이웃들을 위해 ______________________ 각종 행사가 열린다.

4. 얼마 전에 쓰나미가 그 나라를 덮쳤을 때 세계 각국의 구급 대원들이 직접 재난을 당한 현장에 가서 ______________________.

문법과 표현 3

V-다시피

A 다음 표를 보고 문장을 만들어 보세요.

1	난민 문제에 관심이 필요하다	사진에서 보시다	문제가 심각하다
2	오늘은 만나기가 어렵다	이미 아시다	다음 주에 중요한 시험이 있다
3	등록금을 빨리 내다	미리 알려 드렸다	내일이 마감이다
4		처음에 말씀드렸다	

1. 난민 문제에 관심이 필요합니다.
   사진에서 보시다시피 문제가 심각합니다.

2. ______________________________.
   ______________________________.

3. ______________________________.
   ______________________________.

4. ______________________________.
   ______________________________.

B ________에 알맞은 말을 써서 문장을 완성해 보세요.

1. 이 문제에 대해 좀 더 이야기하고 싶은데 괜찮으세요?
   ______________________________.

2. 경제 발전으로 우리는 풍요로운 생활을 누리고 있습니다. 하지만 ________________ 아직도 우리 사회에는 경제적인 어려움 속에서 하루하루를 살아가는 불우 이웃이 있습니다.

3. 한국에 거주하는 외국인의 수가 점점 늘어나고 있습니다. 이 자료에서 ____________ 해마다 5% 이상 증가하고 있습니다.

문법과 표현 4

너나없이 (모두)

A 관계있는 말을 연결하고 문장을 만들어 보세요.

1	외국 사람들에게 좋아하는 음식을 묻다	학교 친구들이 나서다
2	설날이나 추석이 되다	일자리 구하기가 힘들다
3	요즘 경제가 어렵다	불고기를 제일 좋아하다
4	암에 걸린 친구를 돕다	모두 고향에 돌아가다

1. 외국 사람들에게 좋아하는 음식을 물으면 너나없이 불고기를 제일 좋아한다고 대답한다.

2. ____________________________________.
그래서 명절 때는 교통이 매우 복잡하다.

3. ____________________________________.
특히 청년 실업자가 늘어나고 있는 것이 큰 문제이다.

4. ____________________________________.
그리고 현재 수술비를 모금하고 있다.

B ________에 알맞은 말을 써서 문장을 완성해 보세요.

1. ____________ 씨 나라 사람들이 제일 존경하는 분이 누구예요?
우리 나라 사람들은 ____________________을/를 제일 존경해요.

2. 몇 년 전에 강원도 지역에 큰 산불이 난 적이 있다. 산불 때문에 수많은 이재민이 발생했는데 그때 국민 모두가 ______________________________.

3. 얼마 전에 한 신문사에서 한국에 사는 외국인을 대상으로 '한국에서 가장 가고 싶은 여행지'에 대해 조사했는데 외국인이 ______________________________

______________________________.

문법과 표현 5

N(이)나마

A 다음 표를 보고 문장을 만들어 보세요.

1	이번 태풍으로 많은 이재민이 발생하다	작은 정성	성금을 보내다
2	마이클 씨가 어려운 일을 당하다	작은 힘	도움이 될 일을 찾다
3		조금씩	

1. 이번 태풍으로 많은 이재민이 발생했다. 그래서 작은 정성이나마 성금을 보내려고 한다.

2. ______________________________. ______________________________

______________________________.

3. ______________________________. ______________________________

______________________________.

B ________에 알맞은 말을 써서 문장을 완성해 보세요.

1. ________ 씨 고향에 이번에 큰비가 와서 이재민이 많이 발생했다지요?

네, 그래서 저도 ______________________________.

2. 대학교 입학을 앞두고 요즘 걱정이 많았어요. 그런데 어제 친구를 만나서 옛날 얘기도 하면서 짧은 시간이었지만 근심과 걱정을 잊어버리고 마음껏 웃을 수 있었어요. 어제 ________ ____________________________________.
잠깐

A-게나마

A 다음 표를 보고 문장을 만들어 보세요.

1	오랫동안 친구들을 못 만나다	간단하다	엽서를 보내다
2	대학 공부를 하지 못하다	늦다	공부를 시작하다
3	정부가 경제 살리기에 힘쓰고 있다	느리다	

1. 외국에서 유학을 하느라고 오랫동안 친구들을 못 만났다. 그래서 간단하게나마 엽서를 보내려고 한다.

2. 집안 형편이 어려워서 ____________________. ________ ____________________________________.

3. ____________________. ________ ____________________________________.

B ________에 알맞은 말을 써서 문장을 완성해 보세요.

1.  내일 회의 안건에 대해 알고 있으면 좀 알려 주실래요?
 여기 제가 ____________________ 한번 보세요.
간단하다

2. 바쁜 현대 생활 속에서는 건강에 소홀하기 쉽다. 건강을 유지하기 위해서는 ________ ____________________ 좋다.
짧다

A-(으)나마

A 다음 표를 보고 문장을 만들어 보세요.

1	지난달에 입사하다	부족하다	열심히 일하다
2	지난번에 도와주다	약소하다	이 선물로 감사의 뜻을 전하다
3		적다	이익을 남기다

1. 지난달에 입사해서 아직 모르는 게 많습니다. 부족하나마 열심히 일하겠습니다.

2. ______________________________
______________________________.

3. ______________________________
______________________________.

B ________에 알맞은 말을 써서 문장을 완성해 보세요.

1. 동해에 일출을 보러 갔다 왔다고 들었어요. 날씨가 흐렸는데 괜찮았어요?
네. 흐렸지만 ______________________________.
아쉽다

2. 어제는 길에서 고등학교 친구를 우연히 만났다. 커피숍에서 잠깐 커피를 마시면서 옛날 고등학교 시절 이야기를 했는데 ______________________________.
짧다

문법과 표현 6

V-고자

A 관계있는 말을 연결하고 문장을 만들어 보세요.

1	새로 찍은 영화를 홍보하다 •	• 의학을 전공하다
2	더 넓은 세상을 보다 •	• 휴학을 하고 세계 여행을 떠나다
3	가난한 사람들을 돕다 •	• 한국을 방문하게 되다
4	한국학을 공부하다 •	• 한국에 오다

1. 그 영화배우는 새로 찍은 영화를 홍보하고자 한국을 방문하게 되었다고 말했다.

2. ______________________________.

3. ______________________________.

4. ______________________________.

B ________에 알맞은 말을 써서 문장을 완성해 보세요.

1. 미국 내 수많은 대학의 교수 자리를 거절하고 한국에 있는 대학을 선택하게 된 동기는 무엇입니까?

   ______________________________.

2. 중국 상공회의소*는 중국 상품의 우수성을 한국 사람들에게 ____________ 24일부터 코엑스에서 상품 설명회를 개최한다*고 한다.

3. 주민 여러분께 알려 드립니다. 오는 25일 301동 앞에서 불우 이웃 돕기 바자회를 ________ ________ 합니다. 이번 바자회는 지난여름 수해로 피해를 입은 경기도 파주시 주민을 ____ ____________ 준비한 것이니 관심 있는 주민들의 많은 참여를 바랍니다.

* 상공회의소 상업이나 공업 분야에서 일하는 사람들이 모인 단체.

* 개최하다 행사를 하다.

쓰기 7

다음과 같이 계절 인사를 써 보세요.

봄(3월~5월)

1. 아지랑이가 피어나는 봄기운 가득한 3월이 되었습니다.
2. 만물이 소생하는 눈부시게 아름다운 봄입니다.

______________________________.

______________________________.

______________________________.

여름(6월~8월)

1. 모든 생물이 성장하는 여름이 왔습니다.
2. 우리의 열정만큼 뜨거운 계절, 여름입니다.

______________________________.

______________________________.

______________________________.

가을(9월~11월)

1. 매미 소리는 아득히 멀어지고 길가의 코스모스가 가을이 왔음을 알리고 있네요.
2. 농부의 일손이 바빠지는 결실의 계절, 가을이 왔습니다.

______________________________.

______________________________.

______________________________.

겨울(12월~2월)

1. 차가운 바람에 몸을 움츠리게 되는 겨울이지만, 도시를 하얗게 덮은 눈이 아름다운 계절입니다.
2. 눈사람을 만들던 어린 시절이 그리워지는 겨울입니다.

____.

____.

____.

2. 사랑이란

어휘와 표현 1

관계있는 것끼리 연결하고 ________에 알맞은 말을 써넣으세요.

얼굴이 •	• 반짝반짝 빛나다
입술이 •	• 바짝바짝 마르다
가슴이 •	• 화끈화끈하다
눈이 •	• 두근두근 뛰다

1. 어제 길을 가다가 사람들 앞에서 넘어졌다. 정말 창피해서 얼굴이 화끈화끈했다.
2. 선생님이 첫사랑 이야기를 해 준다고 하니까 갑자기 졸고 있던 학생들의 ________ ________.
3. 회사에 들어가기 위해 면접을 봤는데 면접을 기다리는 동안 너무 긴장해서 ________ ________.
4. 나는 그 사람을 혼자 짝사랑하고 있는데 그 사람 앞에만 가면 ________ ________.

어휘와 표현 2

________에 알맞은 말을 써서 문장을 완성해 보세요.

헌신적이다　　안타깝다　　영원하다　　순수하다

1. 그 남자는 결혼하기 전에 그 여자에게 정말 ________. 그 여자를 위해서라면 자기의 모든 것을 희생할 정도로 사랑했다.
2. 이 세상에 절대 변하지 않는 ________ 사랑이 있을까? 아마 그것은 사람들의 생각 속에만 있는 것인지도 모른다.

3. 이 영화는 죽도록 사랑했지만 전쟁으로 인해 헤어질 수밖에 없었던 두 연인의 ____________ ____________ 사랑을 그린 영화이다.

4. 아기들의 맑고 ____________ 눈을 보고 있으면 내 마음도 깨끗해지는 것 같은 기분이 든다.

어휘와 표현 3

관계있는 것끼리 연결하고 ______에 알맞은 말을 써넣으세요.

1	철수와 영희는 처음 보자마자 서로를 좋아하게 되었다.	천생연분이다
2	하늘이 정해 준 인연처럼 두 사람이 아주 잘 어울린다.	눈에 콩깍지가 씌었나 보다
3	모든 사람들에게 짝이 있으므로 언젠가는 좋아하는 사람을 만날 수 있다.	첫눈에 반하다
4	그 사람을 지나치게 좋아해서 그 사람의 나쁜 점을 보지 못한다.	짚신도 짝이 있다

1. 어떻게 하다가 그 사람과 사랑에 빠지게 되었대요?

   보자마자 좋아하게 되었대요. 첫눈에 반했대요.

2. 야구 좋아해요?

   네, 아주 좋아해요.

   여자 친구는요?

   제 여자 친구도 굉장히 좋아해요. 야구광이에요.

   둘이 ____________________.

3. 벌써 선을 백 번이나 봤는데 마음에 드는 여자를 만나지 못했어. 이러다가 총각으로 늙어 죽는 거 아닌지 모르겠어.

   걱정하지 마. ____________________. 좋은 사람이 곧 나타날 거야.

4. 저는 아무리 봐도 별로인데 수지는 그 남자가 그렇게 멋있대요.

   ____________________.

문법과 표현 4

A/V-(으)ㄹ 지경이다

A 다음 표를 보고 문장을 만들어 보세요.

1	요즘 너무 바쁘다	죽다
2	인터넷 속도가 너무 느리다	화가 나다
3	고향에 계신 부모님이 보고 싶다	잠도 못 자다
4	전공 강의가 너무 어렵다	

1. 요즘 너무 바빠서 죽을 지경이다. 이러다가 건강이 나빠질까 봐 걱정이다.

2. ______________________________.
이러다가 오늘 일을 다 마치지 못할 것 같다.

3. ______________________________.
이러다가 향수병에 걸릴 것 같다.

4. ______________________________.
이러다가 학점이 나빠질까 봐 걱정이다.

B ________에 알맞은 말을 써서 문장을 완성해 보세요.

1. 마이클 씨, 요즘 왜 모임에 안 나오세요? 무슨 일 있나요?
______________________________.
다음 모임에는 꼭 나갈게요.

2. 운동선수들의 생활을 그린 이 영화를 찍기 위해 배우들은 매일 3시간씩 6개월 동안 운동을 해서 몸을 만들었다. 배우들은 운동을 너무 심하게 해서 ______________________________.
병이 나다

3. 월드컵이 시작되면 사람들은 한국팀을 응원하기 위해 너나없이 빨간색 티셔츠를 사 입는다. 지난번 월드컵 기간에도 옷가게에서 ______________________________.
빨간색 티셔츠는 구하기 힘들다

문법과 표현 5

생각다 못해

A 관계있는 말을 연결하고 문장을 만들어 보세요.

1	직장이 너무 멀어서	회사를 옮기다
2	월급이 너무 적어서	수첩을 항상 가지고 다니다
3	남자 친구와 성격이 안 맞아서	좀 가까운 곳으로 이사하다
4	건망증이 심해서	헤어지다

1. 직장이 너무 멀어서 지각을 자주 한다. 그래서 생각다 못해 좀 가까운 곳으로 이사하려고 한다.

2. ______________________________.
______________________________.

3. ______________________________.
______________________________.

4. ______________________________.
______________________________.

B ________에 알맞은 말을 써서 문장을 완성해 보세요.

1. 지난번에 아이 문제 때문에 고민이 많다고 하더니 이제 괜찮아요?
아니요. 그래서 ______________________________.

2. 마이클 씨는 하루에 4시간씩 자고 저녁에는 아르바이트를 하면서 공부해 왔다. 그러다 보니 심한 과로로 건강이 나빠졌다. 그래서 ______________________________.

3. 과수원에서 잘 익은 과일만 골라서 먹는 까치 때문에 골치를 앓고 있다. 그래서 과수원 주인들은 ______________________________.
사냥꾼

문법과 표현 6

N(이)란 N은/는 모두[전부, 다]

A 다음 표를 보고 문장을 만들어 보세요.

1	얼굴에 여드름이 나다	약을 모두 쓰다	효과가 별로 없다
2	요즘 휴가철이다	비행기 표가 다 팔리다	고향에 돌아가다
3	오래 전에 나온 책이다	서점을 전부 돌아다니다	책을 구할 수 없다
4		학생이 다 돌아가다	도서관이 텅 비다

1. 얼굴에 여드름이 나서 걱정이다. 약이란 약은 모두 써 봤지만 효과가 별로 없다.

2. ______________________. ______________________
____.

3. ______________________. ______________________
____.

4. ______________________. ______________________
____.

B ________에 알맞은 말을 써서 문장을 완성해 보세요.

1. 이번에 큰 집으로 이사 갔다면서요?
네. 그런데 집 사느라고 ______________________ 앞으로 어떻게 살지 걱정이에요.

2. 나는 컴퓨터가 고장이 나면 주변에 있는 사람들에게 물어보거나 인터넷에서 방법을 찾아보는 등 ______________________(방법). 그래도 안 되면 그때 서비스 센터에 연락한다.

3. 그 식당 음식이 싸고 맛있다는 소문이 나서 ______________________(손님)
______________.

읽기 7

다음을 읽고 질문에 답하세요.

다시 만난 첫사랑

며칠 전에 뜻밖의 전화를 받았다. 대학교 시절 꽤 오랫동안 내 가슴을 두근두근하게 했던 첫사랑이 전화를 한 것이었다. 조금은 어색한 목소리로 간단한 인사를 주고받고 돌아오는 토요일에 전에 같이 자주 가던 카페에서 만나기로 약속을 하고 전화를 끊었다.

내가 첫사랑을 처음 만난 것은 대학교 MT에서였다. 남자들이 대부분인 우리 학과 학생들과 근처 여자 대학교 미술학과 학생들이 같이 MT를 갔는데 그녀는 그때 같이 온 여학생들 중 가장 눈에 띄는 학생이었다. 나는 ⓐ____________. 나중에 들은 얘기지만 그녀를 놓고 남학생들 사이에 경쟁이 벌어져서 무려 여섯 명의 남학생들이 그녀에게 데이트를 신청했다고 한다. 물론 나도 ⓑ그중의 하나였다. 높은 경쟁을 뚫고 그녀의 선택을 받아 데이트 장소에 나갈 때 하늘을 날 것 같았던 기분은 지금도 기억에 생생하다.

카페 문을 열고 그녀가 들어오자 마치 20년 전 그때로 돌아간 기분이 들었다. 그녀는 별로 변한 것 같지 않았다. 걸을 때마다 기분 좋게 흩날리던 생머리도, 약간 삐친 듯 굳게 다물고 있던 도톰한 입술도, 호기심으로 가득한 어린아이 같은 반짝반짝 빛나는 눈도 여전히 그대로였다. 가끔 보이는 눈가의 주름만이 흘러간 시간을 보여 주었다. 20년 만의 만남이었지만 마치 어제 헤어졌다 다시 만난 사람들처럼 즐거운 대화를 나눌 수 있었다.

이제는 두 아이의 어머니가 되었다는 그녀. 만나기 전에는 솔직히 기대 반 두려움 반이었는데 여전히 순수하고 아름다운 그녀를 보니 만나기를 잘했다는 생각이 들었다. 누군가 ⓒ첫사랑은 다시 만나는 것이 아니라고 했지만 나는 그렇게 생각하지 않는다. 모습은 변했다 해도 첫사랑과 함께한 시간과 추억은 변하지 않고 영원히 기억 속에 남아 있는 것이니까…….

1. 글의 내용과 같은 것을 고르세요.
   ① 글쓴이가 첫사랑에게 전화를 했다.
   ② 글쓴이의 첫사랑은 겉모습이 많이 변했다.
   ③ 글쓴이는 첫사랑을 다시 만난 것을 후회하지 않는다.

2. ⓐ에 들어갈 수 있는 말로 제일 적당한 것을 고르세요.
   ① 눈에 콩깍지가 씌었다　② 그녀에게 첫눈에 반했다　③ 짚신도 짝이 있었다

3. ⓑ는 무엇을 가리킵니까?
   ① MT에 간 학생들　② 데이트를 신청한 학생들　③ 우리 학교 남학생들

4. 사람들이 ⓒ와 같이 말하는 이유는 무엇일까요?

III 가정과 사회

1 변화하는 가족

어휘 가족 제도

문법
- A-(으)ㄴ/V-는 데(에) 비해
- N의 특징은 A/V-다는 데(에) 있다
- A-(으)ㄴ/V-는가 하면
- A-(으)ㄴ/V-는 데(에) 반해

의사소통 기술 가족 제도에 대한 글 읽고 알맞은 말 넣기

2 행복한 가정을 위해

어휘 단체나 기관의 업무

문법
- V-(으)ㅁ에 따라
- 단
- N 및 N

의사소통 기술 다문화 가정 지원 공고문 읽고 내용 파악하기

3 듣고 싶은 말

어휘 설문 조사

문법
- A/V-다는 응답이 N에 달하다
- N은/는 N에 그치다
- V-는 경향이 있다

의사소통 기술 배우자의 조건에 대한 설문 조사 기사 읽고 내용 파악하기

1. 변화하는 가족

어휘와 표현

_____ 에 알맞은 말을 써서 문장을 완성해 보세요.

가부장 제도　혈연 의식　효도　가장　권위가 있다　대를 잇다

1. 부모님이 살아 계실 때는 아침저녁으로 인사를 올리며 부모님 건강에 늘 신경 쓰고, 돌아가시면 산소를 항상 잘 살펴 드리는 것이 바로 전통적인 __________의 형태였다.

2. 아버지가 돌아가시고 나자 장남인 그가 가정의 경제적인 책임을 비롯해서 모든 일을 결정하고 이끌어 나가는 __________의 역할을 맡게 되었다.

3. 예전에는 아들이 없으면 __________ 수 없다면서 아들을 낳을 때까지 계속 아이를 낳는 경우도 있었다.

4. 가족 의식의 변화에 따라 꼭 피를 나누어야 가족이라는 __________은/는 점차 약화되고 새로운 의미의 가족 의식이 나타나고 있다.

5. 아버지의 권위가 가장 높고 아버지를 중심으로 가정생활이 이루어지던 과거 __________ 아래에서는 모든 가정사의 결정권이 아버지에게 있었다.

6. 그분은 수십 년 동안 많은 연구 성과를 낸 학자로서 물리학 분야에서는 매우 __________ 전문가이다.

어휘와 표현 2

관계있는 것끼리 연결해 보세요.

1. 

수지는 한 살 때 양부모님에게 왔습니다. 그분들은 수지를 낳아 주신 부모님은 아니지만 수지를 사랑해 주십니다.

2. 

영호는 2년 전에 아버지가 돌아가셨어요. 지금은 어머니와 동생과 함께 살고 있어요. 어머니가 가장이십니다.

3. 

유진이의 어머니는 필리핀 사람이고 아버지는 한국 사람입니다. 유진이는 한국말도 배우고 필리핀 말도 배웁니다.

4. 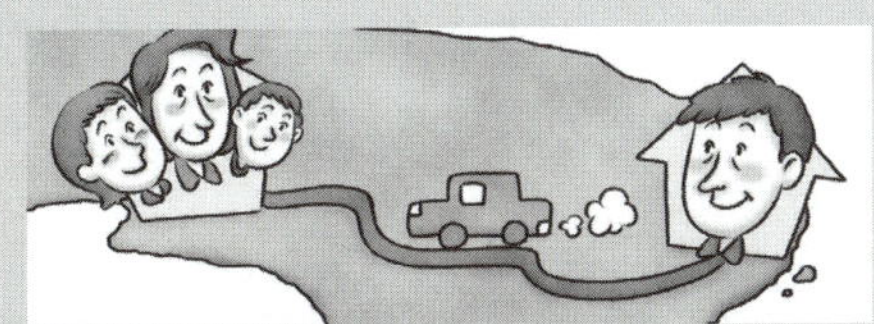

미진이의 아빠는 직장 때문에 부산에 사세요. 미진이와 엄마와 동생은 서울에 살아요. 주말에만 온 가족이 한집에 모여요.

5. 

영주와 동생은 엄마와 함께 미국에서 공부하고 아빠는 한국에서 회사에 다니며 학비를 보냅니다. 날마다 국제 전화를 합니다.

- 한부모 가족
- 입양 가족
- 다문화 가족
- 기러기 가족
- 주말 가족

문법과 표현 3

A-(으)ㄴ/V-는 데(에) 비해

A 다음 표를 보고 문장을 만들어 보세요.

1	공부를 열심히 하다	성적은 좋지 않은 편이다
2	품질이 좋다	값은 비싸지 않다
3	평일에는 차가 많다	주말에는 차가 별로 없다
4	거실은 크다	

1. 그는 공부를 열심히 하는 데 비해 성적은 좋지 않은 편이다.

2. 이 가게의 옷은 ________________________________.

3. 이 도로는 ________________________________.

4. 이 아파트는 ________________________________.

B ________ 에 알맞은 말을 써서 문장을 완성해 보세요.

1. 이 지역에서 생산되는 ________ 의 특징은 뭔가요?

   다른 지역의 ________ 이/가 ________________________ 이 지역의 ________ 은/는 ________________________.

2. 우리 집은 포도 농장을 하고 있다. 작년에는 ________________________ (비가 많이 오다) 올해는 비도 많지 않고 날이 더워서 포도 맛이 아주 달다. 그러나 작년에는 생산량이 꽤 ________________________ (많다) 올해는 그렇게 많지는 않은 편이다.

3. 우리 형제는 비슷한 점도 있지만 다른 점이 더 많다. 우선 형은 ________________ (키가 크다) ________ 나는 좀 작은 편이고, 형은 성격이 ________________ (내성적이다) 나는 좀 외향적이다. 또 형은 ________________ (음악을 좋아하다) 나는 운동을 무척 좋아하고 형이 ________________ (요리를 잘하다) 나는 할 줄 아는 음식이 별로 없다.

문법과 표현 4

N의 특징은[문제는] A/V-다는 데(에) 있다

A 다음 표를 보고 문장을 만들어 보세요.

1	박물관이 많다	시민들이 자주 이용할 수 있다
2	전체가 유리로 되어 있다	에너지를 아낄 수 없다
3	부품을 오래 쓸 수 있다	비용을 아낄 수 있다
4		쉽게 이용할 수 없다

1. 이 도시의 특징은 박물관이 많아서 시민들이 자주 이용할 수 있다는 데 있다.

2. 이 건물의 문제는 ________________________.

3. 이 제품의 특징은 ________________________.

4. 이 컴퓨터 프로그램의 문제는 ________________________.

B ________ 에 알맞은 말을 써서 문장을 완성해 보세요.

1. 이 한국어 프로그램의 특징은 뭐라고 할 수 있습니까?

   이 프로그램의 특징은 ________________________.

2. 이 도시의 특징은 공원과 산책로가 많아서 사람들이 쉽게 ________________ (휴식을 취할 수 있다) ________________. 그래서 이 도시는 아주 살기 좋은 곳으로 주변에 유명하다. 그러나 단 하나의 문제점은 ________________ (대중교통이 잘 발달되어 있지 않다) ________________.

3. 우리 동네에 오래된 옷가게가 하나 있다. 이 가게는 10년이 넘었는데 좋은 디자인의 옷을 계절마다 내놓아서 단골손님이 꽤 많다. 이 가게의 특징은 주인이 직접 옷을 만든다는 것과 ________________ (독특한 디자인의 옷이 많다) ________________. 그리고 또 하나의 특징은 손님에게 매우 친절하다는 것이다. 그런데 문제점은 ________________ (값이 좀 비싸다) ________________.

문법과 표현 5

A-(으)ㄴ/V-는가 하면

A 다음 표를 보고 문장을 만들어 보세요.

1	아침을 거르다	밤을 새우다
2	봄에 눈이 오다	겨울에 꽃이 피다
3	공원을 만들다	자전거 도로도 만들다
4	행복한 순간이 있다	

1. 바쁜 생활로 아침을 거르는가 하면 밤을 새우기도 해요.

2. 이상 기후 때문에 ________________.

3. 도시 환경 개선 사업을 하면서 ________________.

4. 우리 인생에는 ________________.

B ________에 알맞은 말을 써서 문장을 완성해 보세요.

1. 이번에 '서울의 날'을 기념하여 여러 가지 행사를 한다면서요?

   네. ________________________________.

2. 요즘 나는 방학을 맞아서 아주 즐거운 나날을 보내고 있다. 아침에도 서두르지 않고 느긋하게 일어나서 여유 있게 ________________(식사를 하다) 식사 후에 차를 마시면서 신문을 읽기도 한다. 또 ________________(라디오를 듣다) 친구들에게 이메일을 쓰기도 하고 좋아하는 책을 읽기도 한다. 어떤 날은 운동화를 신고 모자를 쓰고 ________________(산책을 하다) ________________ 별로 살 것이 없는데도 시장을 둘러보기도 한다.

그런가 하면

A 다음 표를 보고 문장을 만들어 보세요.

1	운동을 잘하다	노래도 잘하다
2	이해심이 많다	책임감도 강하다
3	기온이 아주 높다	비도 많이 오다
4	다양한 사진 자료가 많다	

1. 내 친구는 운동을 잘한다. 그런가 하면 노래도 잘한다.

2. 우리 형은 ________________. ________________.

3. 한국의 여름은 ________________. ________________.

4. 이 책은 ________________. ________________.

B ________에 알맞은 말을 써서 문장을 완성해 보세요.

민수 씨는 외국어를 잘한다면서요?

네. 그런가 하면 ____________________________________.

C 다음을 앞의 문형을 사용하여 바꿔 써 보세요.

> 날이 갈수록 지구 환경 문제가 심각해지고 있다. 세계 곳곳에서 홍수나 폭설 등의 이상 기후가 나타나고 있다. 한편 많은 동물들이 멸종되어 가고 있다. 또한 식물이 사는 곳의 위치도 점차 달라지고 있다.

➡ 날이 갈수록 지구 환경 문제가 심각해지고 있다. 세계 곳곳에서 홍수나 폭설 등의 이상 기후가 나타나고 있다. ____________________________________.

____________________________________.

문법과 표현 6

A-(으)ㄴ/V-는 데(에) 반해

A 다음 표를 보고 문장을 만들어 보세요.

1	업무가 늘어나다	담당자 수는 줄었다
2	육류 소비가 늘다	쌀의 소비는 줄었다
3	도시의 땅값이 오르다	시골의 땅값은 내리고 있다
4	대학에 입학하기가 매우 어렵다	

1. 업무가 늘어나는 데 반해 담당자 수는 줄었다.

2. ____________________________________.

3. ____.

4. ____.

B ________에 알맞은 말을 써서 문장을 완성해 보세요.

1. 새 학교는 어때요?

   ____.

2. 이 책은 어휘가 ______________(많다) 문법이 적은 것 같아요. 또 설명이 ______________(적다) 그림이 많아서 좋아요. 그래서 재미있게 공부할 수 있어서 많은 도움이 ______________(되다) 책값은 좀 비싼 편이에요.

N에 반해

A 다음 표를 보고 문장을 만들어 보세요.

1	이 복사기는 성능이 좋다	소음이 좀 크다
2	더운 지방의 음식은 짜다	추운 지방의 음식은 싱겁다
3	그는 공부를 열심히 한다	운동은 별로 하지 않는다
4	아버지는 성격이 아주 급하시다	

1. 이 복사기는 성능이 좋다. 그에 반해 소음이 좀 크다.
2. ______________. ______________.
3. ______________. ______________.
4. ______________. ______________.

B ________에 알맞은 말을 써서 문장을 완성해 보세요.

요즘 ________값이 많이 올랐지요?

네. 그에 반해 ______________.

C 다음을 앞의 문형을 사용하여 바꿔 써 보세요.

요즘 경제 사정이 나빠져서 많은 기업들의 제품이 잘 팔리지 않는다고 한다. 그러나 중고품을 파는 시장에는 조금이라도 돈을 아끼려는 사람들의 발길이 끊이지 않는다.

→ 요즘 경제 사정이 나빠져서 많은 기업들의 제품이 잘 팔리지 않는다고 한다. ________
______________.

읽기 7

다음을 읽고 질문에 답하세요.

공동체 의식　가부장적　창의성　핵가족　혈연 의식　다문화 가정　장점

일반적으로 한국의 전통적 가족 형태는 ⓐ________________ 대가족이었다. 대가족은 서로 공동체 의식을 가지고 화목하게 지내려고 노력하며 가족 안에서 간접적으로 사회를 경험할 기회를 가지고 서로의 경험을 나눈다는 ⓑ________________이/가 있는가 하면, 가족 구성원 개개인의 개성이나 창의성이 인정되기 어렵다는 단점도 있다. 현대 한국의 대표적 가족 형태인 ⓒ________________은/는 부부가 동등하게 권리와 의무를 나눠 가진다는 특징이 있다. 최근에는 더욱 다양한 형태의 가족이 등장하고 있다. 예를 들면 혈연 의식에서 벗어난 입양 가족, 국제결혼으로 인한 ⓓ________________, 장애인 그룹 홈 등이 있다.

1. ⓐ~ⓓ에 각각 들어갈 말로 알맞은 것을 고르세요.
   ① 가부장적 – 핵가족 – 장점 – 다문화 가정
   ② 핵가족 – 가부장적 – 장점 – 다문화 가정
   ③ 가부장적 – 장점 – 핵가족 – 다문화 가정
   ④ 핵가족 – 장점 – 가부장적 – 다문화 가정

2. 다음 중 내용과 같지 않은 것을 고르세요.
   ① 대가족에서는 사회를 미리 경험해 볼 수 있었다.
   ② 대가족에서는 개인의 창의성은 자주 무시되었다.
   ③ 과거에 부부는 동등하게 권리와 의무를 나눠 가졌다.
   ④ 요즘 가족의 형태는 더욱 다양해지고 있다.

2. 행복한 가정을 위해

어휘와 표현

관계있는 것끼리 연결하고 ________에 알맞은 말을 써넣으세요.

1	구청에서	장려하다	소식지를 통해서 많은 사람들에게 알리다
2	정부가	운영하다	정부가 어떤 사람이나 단체의 일을 지지하여 돕다
3	출산을	공고하다	구청에서 어떤 사업을 관리하고 경영하다
4	소식지에	개설하다	아기를 많이 낳도록 격려하고 지원하다
5	강의를	지원하다	어떤 것을 가르치는 일을 새로 준비하여 시작하다

1. 구청에서 운영하는 어린이집은 보육비가 싸기 때문에 저소득층에게 인기가 많다.

2. 저소득층의 어린이들을 위해 ______________ 보육비는 아직 충분하지 않다.

3. 출산율 감소가 큰 사회 문제로 대두되고 있다. 그래서 정부는 ______________기 위해 양육비 지원 정책을 내놓았다.

4. 서울시에서는 축제에 참여할 도우미 모집 안내를 시청 홈페이지와 ______________기로 하였다.

5. 결혼이주여성을 위해서 관악구청에서는 무료 한국어 ______________.

어휘와 표현 2

관계있는 것끼리 연결하고 ________에 알맞은 말을 써넣으세요.

한 사회에서 노인의 인구 비율이 높은 상태 •	• 출산율
일정 기간에 태어난 아기가 전체 인구에서 차지하는 비율 •	• 저소득층
어린아이를 돌보고 기르는 데 드는 비용 •	• 고령화
수입이 낮은 계층 •	• 저출산
아이를 적게 낳음 •	• 양육비

1. 출산율이 낮아지는 것도 문제이지만 ______________도 극복해야 할 또 하나의 문제이다. 한국 사회도 이제 노인 인구가 점점 많아져 그에 대한 대책이 필요할 때이다.

2. 높은 교육비로 인해 최근 ______________이/가 급격히 떨어지고 있어 사회 문제가 되고 있다.

3. 정부에서 아이를 기르는 데 드는 ______________를 지원해 준다고 하던데요. 소득이 낮은 ______________의 자녀부터 지원해 준대요.

4. 이런 ______________ 상황이 지속되면 미래에는 한국인이 없어질지도 모른다는 우려가 학자들 사이에서 나오고 있다.

어휘와 표현 3

________에 알맞은 말을 써서 문장을 완성해 보세요.

선착순 무료 모집(하다) 수강료 실습(하다) 문의하다

관악구청에서 서울에 살고 있는 결혼이주여성을 위해 의미 있는 일을 하고 있어 화제이다. 한국인 남편을 따라 한국에서 살고 있는 외국 여성들을 위해 한국 요리 교실을 개설한 것이다. 이 요리 교실은 6주 과정이며 1) ________ (으)로 20명을 2) ________ 하고 있다. 결혼이주여성이라면 누구나 신청할 수 있고 구청이 지원하는 프로그램이므로 3)________ 은/는 모두 4)________(이)다. 일주일에 2회, 2시간씩 교육받게 되는데 먼저 조리법에 대해 공부하고 둘째 시간에는 실제로 그 요리를 만들어 보는 5)________ 시간을 가지게 된다. 자세한 사항은 관악구청 홍보부(02-880-5488)로 6)________면 된다.

문법과 표현 4

V-(으)ㅁ에 따라

A 관계있는 말을 연결하고 문장을 만들어 보세요.

1	교통이 복잡해지다 •	• 출산율이 높아지다
2	평균 수명이 늘어나다 •	• 자동차 10부제를 실시하다
3	국제 유가가 인상되다 •	• 대중교통을 이용하다
4	자녀 양육비를 지원하다 •	• 고령화 사회가 되다

1. 교통이 복잡해짐에 따라 대중교통을 이용하는 사람이 늘고 있다.

2. ______________________________.

3. ______________________________.

4. ______________________________.

B ________에 알맞은 말을 써서 문장을 완성해 보세요.

1. 기자 : 한국어를 배우려는 학생들이 점점 증가하는 이유가 무엇이라고 생각하십니까?

   교사 : ______________________________ 한국어를 하는 외국인에 대한 수요가 늘어서 이런 현상이 생기게 된 것 같습니다.

2. 2000년대 들어와서 인터넷 사용이 ________________ (증가하다) 인터넷 중독도 늘어나고 있다. 지나치게 장시간 인터넷에 접속하여 사회생활에 지장을 받는 사람이 많아지고 있다.

3. 지구 온난화로 인해 해수면*이 높아지고 기상 이변*이 일어나는 등 각 지역에 기후 변화가 ________________ (발생하다) 전 세계적으로 지구 온난화 문제에 대한 관심과 우려가 증가하고 있다.

* **해수면** 바닷물의 표면.
* **기상 이변** 보통의 기상과 아주 다른 기후 상태.

문법과 표현 5

단

A 다음 표를 보고 문장을 만들어 보세요.

1	18세 이하의 청소년	여행에 참가하다	부모님의 동의가 있어야 하다
2	이 환자	마음대로 먹다	너무 매운 음식은 곤란하다
3	세 자녀 이상을 둔 가정	양육비를 신청하다	가족관계기록부가 필요하다
4	기숙사에 사는 학생	누구든지 세탁기를 사용하다	

1. 18세 이하의 청소년도 이번 여행에 참가할 수 있습니다. 단, 부모님의 동의가 있어야 하니 동의서를 가져오시기 바랍니다.

2. ______________________________.
______________________________.

3. ______________________________.
______________________________.

4. ______________________________.
______________________________.

B ________에 알맞은 말을 써서 문장을 완성해 보세요.

1. 다음 학기에 등록하고 싶은데 언제 가면 됩니까?
평일에는 근무 시간 중에 언제든지 오셔도 됩니다.
단, ______________________________.

2. 어린이 관람을 허용하는 문제로 시끄러웠던 영화가 드디어 어제 개봉되었다. 영화 제작사의 요청이 받아들여져서 15세 이하 어린이도 관람할 수 있게 되었다. 단, ________________ ________________.
부모가 동반하다

3. 오늘 구입하신 제품에 문제가 있을 때는 반품이나 교환이 가능합니다. 단, ________________ ________________.
1주일 이내에 가져오다

문법과 표현 6

N 및 N

A 관계있는 말을 연결하고 문장을 만들어 보세요.

1	수해 복구, 자립을 돕다 •		• 여러 가지 프로그램을 운영하다
2	우리 회사 직원, 그 가족에게는 무료이다 •		• 환경 문제를 해결하다
3	정부, 개인이 함께 노력하다 •		• 정부가 무이자 대출을 해 주다
4	결혼이주여성, 그 자녀의 사회 적응을 돕다 •		• 외부인에게는 유료이다

1. 이번에 경기도 북부 지역이 수해로 큰 피해를 입었다. 그래서 수해 복구 및 자립을 돕기 위해 정부가 무이자 대출을 해 주고 있다.

2. 이 시설은 직원들의 휴식을 위해 만들어진 것이다. 그래서 ________________ ________________.

3. 환경 문제는 정부의 노력만으로 개선하기가 어려운 문제이다. 그래서 ________________ ________________.

4. 최근에 다문화 가정의 수가 빠르게 증가하고 있다. 그래서 정부는 ________________ ________________.

B ________에 알맞은 말을 써서 문장을 완성해 보세요.

1. 이 한국어 강의는 누구를 대상으로 하는 건가요?

   ______________________________을/를 대상으로 하는 강의예요.

2. 한국 정부는 한국어나 한국학을 전공하는 학생들을 대상으로 한국 유학의 기회를 주고 있다. 뽑힌 학생들에게는 __________________을/를 제공한다.

3. ○○여행사에서 판매하는 99만 원짜리 5박 6일 일본 여행 상품에는 ______________ (입장료, 중식) __________이/가 포함되어 있다.

읽기 7

다음을 읽고 질문에 답하세요.

서울특별시 공고 제2011-123호

공 고

서울시는 육아나 거리상의 문제로 교육에 참여하기 어려운 결혼이민자가 증가함에 따라 다음과 같이 전문지도사가 직접 가정을 방문하여 다문화 가정의 안정적인 한국 생활을 지원하고자 합니다.

-다 음-

1. 사업 내용 : 다문화 가정 방문 교육 사업
2. 지원 대상 : 서울시 거주 다문화 가정
3. 지원 내용 : 무료
   1) 찾아가는 아동 양육 지원 서비스 : 결혼이민자에게 아동 양육과 관련된 정보와 교육 및 상담 서비스를 제공
   2) 찾아가는 한국어 교육 서비스 : 한국어 교육 지도사를 파견해서 결혼이민자의 한국어 학습을 돕고 가족 간의 의사소통 문제를 해결할 수 있도록 지원
4. 사업 기간 :
   1) 상반기 : 20XX년 3월 1일 ~ 6월 30일
   2) 하반기 : 20XX년 8월 1일 ~ 11월 30일
5. 지원 자격 : 서울시에 거주하는 다문화 가정 누구나(선착순 50 가정)

위와 같이 서울시 내의 다문화 가정을 지원하기 위한 사업을 실시하오니 관심 있는 분들께서는 많이 참여해 주시기 바랍니다. 자세한 내용은 서울시청 여성가족정책관(02-120)으로 문의해 주시면 성실히 답해 드리겠습니다.

20XX년 2월 15일 서울시장

1. 서울시가 다문화 가정 방문 교육 사업을 실시하는 이유를 모두 고르세요.

① 거리가 멀어서 교육에 참여하지 못하는 다문화 가정이 있기 때문에

② 아이를 키우느라고 교육에 참여할 수 없는 사람들을 위해서

③ 결혼이민자들이 교육에 참여하는 것을 싫어하기 때문에

2. 이 사업에서 제공하는 서비스는 무엇입니까?

① 다문화 가정 아동 양육 관련 상담

② 다문화 가정 아동을 대상으로 한 한국어 교육

③ 아이를 키우는 데 필요한 양육비 지원

3. 다음을 읽고 맞으면 O, 틀리면 X 하세요.

① 한국어 교육은 수강료를 내야 한다. (　　　)

② 50 가정까지 신청을 받는다. 단, 서울시에 거주하는 사람이어야 한다. (　　　)

③ 서울시청 홈페이지에서 자세한 사항을 문의할 수 있다. (　　　)

④ 이 사업은 1년 내내 계속된다. (　　　)

3. 듣고 싶은 말

어휘와 표현

관계있는 것끼리 연결하고 ________에 알맞은 말을 써넣으세요.

실제로 일을 하다 •	• 나타나다
복잡한 것을 개별 요소나 성질로 나누다 •	• 실시하다
어떤 것의 내용을 분명히 이해하여 알다 •	• 차지하다
보이지 않던 어떤 것의 모습이 드러나다 •	• 분석하다
어떤 비율이나 비중을 이루다 •	• 파악하다

1. 청소년 1,500명을 대상으로 현재 가장 고민하고 있는 문제가 무엇인지에 대해 설문 조사를 실시할 예정이다.

2. 여론 조사 결과를 ____________ 보니 사회 복지에 대한 정부의 지원이 매우 부족합니다. 따라서 앞으로 이에 대한 정부의 지원 노력이 시급하다고 생각합니다.

3. 신입 사원이 어떤 업무에 맞을지를 잘 ____________ 적당한 곳에 배치하는 것은 중요한 일이다.

4. 이번 조사에서 집값이 오를 것 같아서 집을 사겠다는 응답은 20%에 불과했고, 더 기다렸다가 나중에 집을 사겠다는 응답이 과반수를 ____________.

5. 조사 결과에 따르면 한 가구당 생활비 지출은 작년에 비해 10% 정도 늘어난 것으로 ____________.

어휘와 표현 2

_______에 알맞은 말을 써서 문장을 완성해 보세요.

이상　　이하　　미만　　절반　　과반수

1. 이번 겨울은 기온이 0도 __________(으)로 떨어지는 날이 별로 없었어요.

2. 이 영화는 중학생은 볼 수 없어요. 18세 __________만 볼 수 있는 영화예요.

3. 가족법 개정에 대해 찬성 64.6%, 반대 35.4%로, 조사 대상의 __________이/가 법 개정에 찬성하는 것으로 나타났습니다.

4. 30만 원짜리 옷을 세일해서 15만 원에 샀다. 원래 가격의 __________ 값으로 사서 무척 기분이 좋았다.

5. 이 예방 주사는 아기가 태어난 지 18개월이 되면 맞힐 수 있습니다. 18개월 __________의 아기들에게 맞히면 안 됩니다.

어휘와 표현 3

다음을 읽고 _______에 알맞은 말을 써넣으세요.

무시하다　　동의하다　　견디다　　못마땅하다　　살림하다

집에서 1)__________ 전업주부의 경우 일반 직장인보다도 더 많은 스트레스를 받는다고 한다. 요리, 청소, 빨래 등 항상 가족을 돌보기 위한 일을 바쁘게 해야 하고, 2)__________ 일이 있어도 겉으로 표현을 하기보다 참아야 하는 경우가 많기 때문이다. 집안일에만 매여 있다 보면 가족을 비롯한 다른 사람들이 자신을 3)__________ 것 같은 생각이 들게 되고, 이런 일이 계속되다 보면 나중에는 더 이상 4)__________ 어려울 정도가 된다. 전문가들은 전업주부의 어려움을 이해하려는 가족들의 태도가 중요하다는 데 모두 5)__________ 있다.

어휘와 표현 4

❀ 〈가로 열쇠〉와 〈세로 열쇠〉를 읽고 알맞은 단어를 써넣으세요.

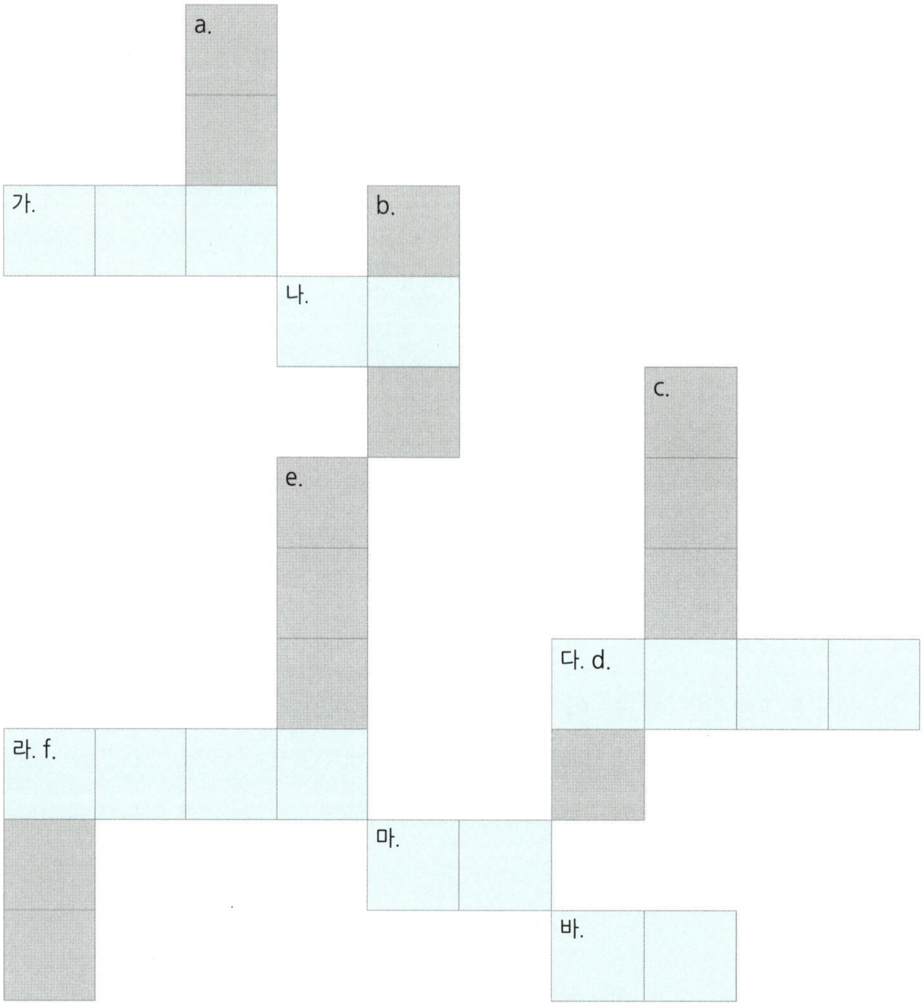

	가로 열쇠
가.	결혼한 사람의 남편이나 아내
나.	결혼한 후 서로 헤어지는 것
다.	집안일을 남편과 아내가 함께 나누어 하는 것
라.	직장 생활을 하지 않는 기혼 여성
마.	다른 사람을 쳐다보는 눈
바.	괴롭거나 슬픈 사람이 마음을 편하게 가지도록 돕는 것

	세로 열쇠
a.	조사에 대해 답을 하는 사람
b.	결혼한 사람
c.	여러 가지 문제에 대해 사람들의 의견을 조사하는 것
d.	가족을 이끌어가는 사람
e.	직장에 다니는 기혼 여성
f.	한 분야에 깊은 지식과 경험을 가지고 있는 사람

문법과 표현 5

A/V-다는 응답이[응답자가] N에 달하다

A 다음 표를 보고 문장을 만들어 보세요.

1	자주 먹는 점심 메뉴	비빔밥을 먹는다	29%
2	주말에 하고 싶은 일	쉬고 싶다	47%
3	건강을 위해서 하고 싶은 일	운동이다	과반수
4	병원에 가지 못하는 가장 큰 이유		

1. 자주 먹는 점심 메뉴가 무엇인지 묻는 설문 조사에서 비빔밥을 먹는다는 응답이 29%에 달했어요.

2. ______________________________.

3. ______________________________.

4. ______________________________.

B ______에 알맞은 말을 써서 문장을 완성해 보세요.

1. 대학생들에게 고치고 싶은 생활 습관에 대해서 설문 조사를 실시했다고 들었는데 결과가 어땠어요?

   조사 결과 ______________________________에 달했어요.

2. 한국의 기업 대표 300명을 대상으로 앞으로의 경제 상황에 대해 묻는 설문 조사에서 ______________________________(3년 이내에 나아질 것이다, 51%). 그러나 ______________________________(5년 이상 걸릴 것이다, 37%) ______________________________ 경제 전망이 낙관적이지는 않은 것으로 분석되었다.

3. 편의점에 관한 설문 조사에서 ______________________________(좀 더 다양한 물건을 취급해야 하다, 54%). 그중에서도 ______________________________(식사 메뉴가 더 개발되어야 하다, 72%). 이와 같은 조사 결과는 많은 사람들이 식사를 간단히 해결하기 위해서 편의점을 찾고 있음을 잘 보여 주고 있다.

문법과 표현 6

N은/는 N에 그치다[불과하다]

A 다음 표를 보고 문장을 만들어 보세요.

1	남편이 가사를 분담하다	그렇다	23%
2	병원에 가지 못하는 가장 큰 이유	무섭기 때문이다	7%
3	지난해 금연에 성공했다	담배를 끊었다	12%
4	건강을 위해서 하고 있는 일		

1. 남편이 가사를 분담하는지 묻는 설문 조사에서 그렇다는 응답은 23%에 그쳤습니다.

2. ______________________________
______________________________.

3. ______________________________
______________________________.

4. ______________________________
______________________________.

B ______에 알맞은 말을 써서 문장을 완성해 보세요.

1. 올해 꼭 하고 싶은 일에 대해서 설문 조사를 실시했는데 어떤 응답이 많이 나왔을 거 같아요?
아마 ______________ 응답자가 많지 않았을까요?
그런데 예상과 달리 ______________ 응답자는 ______에 불과했어요.

2. 저축에 대해서 묻는 설문 조사에서 ______________________________
(매월 수입의 20% 이상을 저축하고 있다, 15%)
______________. 또한 ______________________________
(앞으로 수입의 20% 이상을 저축할 계획이다, 12%)
______ 대부분의 가정이 저축을 충분히 하고 있지 못한 것으로 나타났다.

3. 미혼 남녀 1,000명을 대상으로 결혼 후 가지고 싶은 자녀의 수에 관해 물은 결과 ________

________________________ (2명 이상을 낳겠다, 7%). 또한 ________________________ (1명만 낳겠다, 19%)

__________ 앞으로도 출산율이 쉽게 오르지 않을 것으로 보인다.

문법과 표현 7

V-는 경향이 있다

A 관계있는 말을 연결하고 문장을 만들어 보세요.

1	요즘 젊은 사람들 •	• 말을 짧게 줄여서 하다	
2	요즘 청소년들 •	• 운동을 아주 열심히 하다	
3	요즘 젊은 부부들 •	• 결혼을 늦게 하려고 하다	
4	요즘 나이 든 사람들 •	• 아기를 낳지 않으려고 하다	

1. 요즘 젊은 사람들은 결혼을 늦게 하려고 하는 경향이 있어요.

2. ____.

3. ____.

4. ____.

B ________에 알맞은 말을 써서 문장을 완성해 보세요.

1. 청소년들의 심리적 특성은 좀 복잡하지요?

   청소년들은 대부분 ________________________.

2. 최근의 건축물은 ________________________ (에너지 절약을 중시하다). 건물을 지을 때 외관*에만 신경을 쓰는 게 아니라 에너지를 낭비하지 않고 최대한 활용할 수 있는 방법을 찾으려고 노력합니다.

* **외관** 겉으로 보이는 모양.

3. 요즘 젊은 사람들은 30세 정도가 되면 ______________________________.
부모와 따로 살려고 하다
또한 이들은 결혼해서 가족을 위해 살기보다 일에 열중하면서 자신의 꿈을 이루고 ______
______________________________.
자신만의 독립적인 인생을 만들어 가려고 하다

V-는 경향을 보이다

A 관계있는 말을 연결하고 문장을 만들어 보세요.

1	가족의 형태 •	• 잘 알려지지 않은 곳을 찾다
2	요즘 여행객들 •	• 학생의 사고력을 평가하다
3	요즘 취업 면접 •	• 시대에 따라 변화하다
4	최근의 대학 입학시험 •	• 창의성을 매우 중시하다

1. 가족의 형태는 시대에 따라 변화하는 경향을 보입니다.

2. ______________________________.

3. ______________________________.

4. ______________________________.

B ______에 알맞은 말을 써서 문장을 완성해 보세요.

1. 경제 사정이 나빠지면서 많은 가정에서 생활비를 절약하려는 노력을 많이 하고 있다고 하는데요. 특히 어떤 지출을 많이 줄이는 것으로 나타났습니까?

   조사 결과에 따르면 ______________________________.

2. 한국에서는 최근에 도시를 개발할 때 ______________________________
옛 문화를 그대로 지키면서 개발하려고 하다
______________________________. 그래서 새로 건물을 짓거나 도로를 넓히는 경우 옛 건물

을 살리면서 주변 환경과 잘 어울릴 수 있도록 합니다. 서울에서도 강북 지역을 재개발할 때 ______________________________.
한옥을 그대로 지키면서 개발해 나가다

3. 최근 70년대를 배경으로 하는 ______________________________.
영화가 많이 만들어지다
이것은 사람들이 자신의 어린 시절이나 젊은 시절에 대해 가지고 있는 그리움을 영화 제작에 활용한 결과이다. 관객들도 이렇게 ______________________________
과거의 향수를 불러일으키는 영화를 더 찾다
______________________________.

읽기 8

✽ 다음을 읽고 ________에 알맞은 말을 써넣으세요.

여론 조사 전문 기관인 서울연구소가 미혼 남녀 500명에게 실시한 배우자의 조건에 대한 설문 조사 결과에 따르면 응답자 중 41.2%가 '경제력'이 가장 중요하다고 답했다. '성격이 좋아야 한다'는 응답이 전체의 36.7%로 뒤를 이었으며 '직업'을 최우선 조건으로 꼽은 사람은 11.3%였다. 이 밖에 '외모가 가장 중요하다'고 답한 응답자는 6.8%, 집안은 3.4%, 학벌은 0.5% 등의 순이었다.

성별로는 남성의 경우 성격(42%), 경제력(34.9%), 외모(10.5%), 직업(9.5%), 집안(2.7%), 학벌(0.3%) 순인 반면에 여성은 경제력(39.2%), 성격(38.6%), 직업(14%), 집안(4.1%), 외모(3.4%), 학벌(0.7%) 순으로 나타나 남성은 외모를, 여성은 직업을 상대적으로 더 중시하는 것으로 분석되었다.

1. 여론 조사 기관인 서울연구소가 미혼 남녀 500명을 ______________________ 배우자의 조건에 대해 설문 조사를 실시했다.

2. 이 조사에 따르면 응답자 중 41.2%가 ______________________ 것으로 나타났다.

3. ______________________는 응답은 전체의 36.7%에 달했다.

4. '외모가 가장 중요하다'는 응답은 ______________________에 불과했다.

5. 남성의 경우 10.5%가 ______________________고 응답했다.

6. 여성의 경우 ______________________는 응답이 가장 많았다.

7. 조사 결과에 따르면 성별에 따라 ______________________(으)로 파악되었다.

IV 직업과 직장

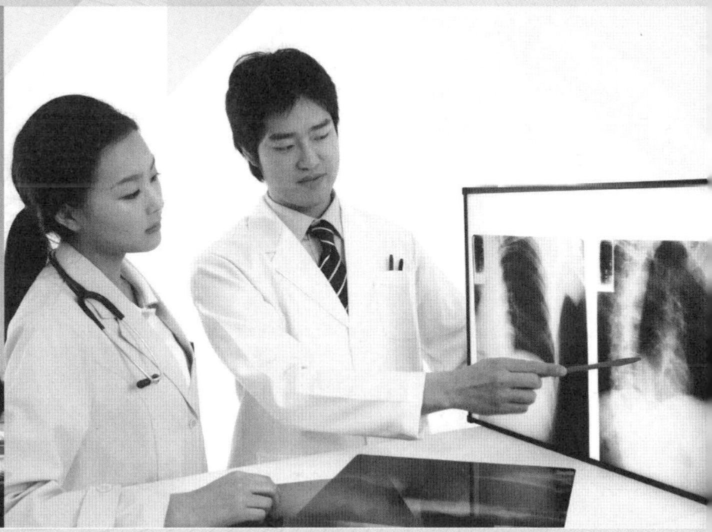

1 일하는 사람들

어휘 직업

문법
- N의 (대표적인) 예로 N을/를 들다
- N 외
- A/V-다면

의사소통 기술 유망 직업 소개하는 단락 쓰기

2 취업 준비

어휘 직원 채용 및 입사 지원

문법
- 아래와 같이
- V-(으)오니
- N에 한하여

의사소통 기술 양식을 갖춘 자기소개서 쓰기

1. 일하는 사람들

어휘와 표현

A 다음을 읽고 ________에 알맞은 말을 써넣으세요.

회사원　공무원　통역사　번역가　요리사　사업가

한국 사람들이 선호하는 직업은 시대 상황에 따라 많이 달라져 왔다. 산업이 발달하지 않아서 일자리가 많지 않았던 60~70년대에는 기업에서 일하는 것보다 안정된 정부 기관에서 일하는 것을 선호하여 1)____________이/가 되고자 하는 사람이 많았다. 80년대에 들어서 다양한 일자리가 생기고 기업의 급여 수준이 정부 기관보다 훨씬 더 높아짐에 따라 2)____________이/가 인기 있는 직업으로 떠오르게 되었다. 90년대에는 좀 더 다양한 직업이 한국 사회에 소개되면서 전통적으로 좋은 직업이라고 여기던 일자리보다는 적성을 살릴 수 있는 직업을 선택하는 경향이 강해졌다. 대표적인 예로 외국의 문학 작품을 한국에 소개하는 3)____________(이)나 각종 국제회의에 없어서는 안 될 4)____________, 전문적으로 음식을 만드는 5)____________ 등에 대한 사람들의 높아진 관심을 들 수 있다. 그러나 2000년대에 들어서면서 경제가 불안하고 일반 회사의 퇴직 연령이 점점 낮아짐에 따라 적은 돈을 받더라도 안정적으로 오랫동안 일할 수 있는 6)____________이/가 다시 인기 직업으로 떠오르고 있다.

B 다음을 읽고 ________에 알맞은 말을 써넣으세요.

기술직　전문직　사무직　생산직　영업직

20대의 젊은이들은 직업 선택에서 어떤 경향을 보이는가? 많은 젊은이들은 의사나 변호사와 같은 1)____________을 선호하고 이를 위해 많은 시간을 쓰고 노력을 기울인다. 좀 더 현실적인 젊은이들은 상대적으로 급여가 낮더라도 스트레스가 적고 육체적인 일을 하지 않아도 되는 2)____________을 선택하기도 한다. 공장에서 직접 생산을 담당하는 3)____________은 육체노동을 해야 한다는 부담감이 있어 과거에는 인기가 높지 않았지만 요즘은 근로 조건이 개선됨에 따라 지원자도 늘고 있다. 4)____________은 자신이 얼마나 열심히 일해서 많이 파느냐에 따라 월급이 달라질 수 있는 일이기 때문에 일한 만큼 대가를 받기를 원하는 젊은이들이 택하는 경향이 있다. 또, 요즘은 자격증 시대라고 불릴 만큼 다양한 자격증 제도가 있는데 특정 기능사 자격증을 따면 그 분야의 5)____________으로 취업하기에 유리하다.

어휘와 표현 2

________에 알맞은 단어를 보기에서 골라 써넣으세요.

수당	연봉	월급	상여금	주급	일당

1. 외교관은 위험 지역으로 나가게 되면 그 지역에서 일하는 동안 여러 가지 어려움을 겪게 된다. 따라서 이러한 경우에는 외교관에게 특별 ____________이/가 지급된다.

2. 다음 달에 추석이 있기 때문에 우리 회사에서는 모든 직원들에게 월급의 30% 정도의 ____________을/를 지급한다고 한다.

3. 우리 회사는 매년 직원들과 ____________ 협상을 해서 직원들에게 1년 동안 지급할 급여를 결정한다. 이때 전년도 근무 성적이 중요한 결정 기준이 된다.

4. 내가 다니던 회사를 그만두고 다른 회사로 옮긴 이유는 적성, 자기 개발 기회 등 여러 가지 이유가 있었지만 가장 큰 이유는 ____________이었다. 내가 한 달 동안 일하고 받는 돈이 너무 적었기 때문에 이직을 결심하게 되었다.

5. 어제 아르바이트를 구했다. 식당에서 저녁 6시부터 12시까지 일하는 것인데 ____________ 3만 원을 받기로 했다. 6시간 일하고 하루에 3만 원이면 너무 적지만 요즘 취업이 어려우니 어쩔 수 없다.

어휘와 표현 3

관계있는 것끼리 연결하고 ________에 알맞은 말을 써넣으세요.

직무를 •	• 따다 •	• 어떤 일을 할 수 있다는 자격을 보여 주는 증서를 받다
자격증을 •	• 수행하다 •	• 어떤 일을 맡아서 하다
금융업에 •	• 담당하다 •	• 사회 복지와 관련된 일의 전망이 밝다
생산직에 •	• 유망하다 •	• 직장에서 맡겨진 일을 하다
업무를 •	• 취업하다 •	• 직접 물건을 만드는 직업을 가지다
사회 복지 분야가 •	• 종사하다 •	• 은행, 보험 등 돈과 관련된 일을 하다

1. 대학교를 졸업해도 회사에 들어가면 연수를 받아야 한다. 대부분의 학생들은 자기 직무를 수행할 능력이 아직 부족한 상태이기 때문이다.

2. 요즘은 은행이나 증권 회사 등의 ________________기를 원하는 젊은이들이 늘고 있다.

3. 우리 사회가 점점 고령화되어감에 따라 앞으로 ________________ 분야라고 말하는 사람이 많다.

4. 마이클 씨는 고객 상담 ________________고 있다. 고객들의 문의에 답하거나 불만 사항을 처리해 주는 일을 한다.

5. 대학 졸업생들은 대부분 사무직을 선호하지만 ________________ 공장에서 일하는 경우도 많아지고 있다.

6. 취업 경쟁이 심해짐에 따라 대학생들이 취업에 도움이 될 만한 ________________기 위해 각종 시험에 도전하고 있다.

문법과 표현 4

N의 (대표적인) 예로 N을/를 들다[N이/가 있다]

A 다음 표를 보고 문장을 만들어 보세요.

1	자동차	문제	대기 오염
2	흡연	병	폐암
3	높은 교육비	사회 문제	출산율 감소
4	지구 온난화		

1. 자동차로 인해 생기는 문제의 대표적인 예로 대기 오염을 들 수 있다.
   자동차로 인해 생기는 문제의 대표적인 예로 대기 오염이 있다.

2. ______________________________.
   ______________________________.

3. ______________________________.
   ______________________________.

4. ______________________________.
   ______________________________.

B ________에 알맞은 말을 써서 문장을 완성해 보세요.

1. 아침을 거르고 저녁에 많이 먹는 나쁜 생활 습관 때문에 생기는 병이 많지요?
   네. 그 예로 ______________________________.

2. 자동차 없는 마을이 늘고 있다. ______________________________ (독일 남부의 바우반이라는 마을)
   ______________. 바우반에서는 자동차 통행이 금지돼 있다. 그래서 자동차가 있는 주민들은 마을 밖에 있는 공동 주차장을 이용해야 한다.

3. 우리 회사는 사원 복지 제도가 잘되어 있는 직장으로 유명하다. ________________
무료 아침 식사 제공

________________.

문법과 표현 5

N 외[이외]

A 관계있는 말을 연결하고 문장을 만들어 보세요.

1	닭갈비 •	• 할 수 있는 말
2	일본 •	• 가 본 나라
3	기타 •	• 좋아하는 한국 음식
4	한국어 •	• 연주할 줄 아는 악기

1. 닭갈비 외에 좋아하는 한국 음식이 있어요?
   제가 좋아하는 한국 음식은 닭갈비 외에도 불고기, 냉면, 삼겹살 등 많아요.

2. ________________?
   ________________.

3. ________________?
   ________________.

4. ________________?
   ________________.

B ________에 알맞은 말을 써서 문장을 완성해 보세요.

1. 문에 '관계자 외 출입 금지'라고 쓰여 있네요. 무슨 뜻이지요?

   ____.

2. 나는 공포 영화를 싫어한다. 영화를 보고 나면 며칠 동안 영화에서 나온 장면이 기억에 남아서 잠을 못 자기 때문이다. 하지만 ________________________ 다른 영화는 모두 좋아하는 편이라서 주말마다 극장에 간다.

3. 며칠 전에 한 신문사에서 외국인을 대상으로 '서울에서 좋아하는 곳'에 대해 조사했는데 1위가 창덕궁, 2위가 인사동, 3위가 청계천이었다. ________________ N서울타워, 남대문시장, 동대문시장이라는 대답도 많이 있었다.

문법과 표현 6

A/V-다면

A 다음 표를 보고 문장을 만들어 보세요.

1	한국 음식	맵고 짠 편이다	일본 음식	싱거운 편이다
2	나	공포 영화	내 친구	코미디 영화
3	한국의 여름	덥고 습기가 많다	우리 나라의 여름	덥지만 습기가 많지 않다
4	한국 남자			

1. 처음에는 한국 음식에 적응하기 힘들었다. 한국 음식이 맵고 짠 편이라면 일본 음식은 싱거운 편이다.

2. 내 친구와 나는 영화에 대한 취향이 아주 다르다. ________________________

   ____.

3. 한국의 여름과 우리 나라의 여름은 서로 다르다. ______________________________

____.

4. 한국 남자와 우리 나라 남자는 좀 다르다. ______________________________

____.

B ________에 알맞은 말을 써서 문장을 완성해 보세요.

1. 한국과 ________ 씨 나라의 ____________은/는 차이가 많지요?

   네. 한국 ____________이/가 ______________________________

   우리 나라 ____________은/는 ______________________________.

2. 나와 내 동생은 생김새는 비슷하지만 성격은 반대이다. 동생이 ____________________ (내성적이고 소극적이다)

   ____________ 나는 외향적이고 적극적인 편이다.

3. 직장에 대한 요즘 젊은이들의 생각은 우리 세대와 좀 다르다. 우리 세대가 한번 들어간 직장을 평생직장으로 생각하고 ______________________________ (은퇴할 때까지 일할 곳으로 여기다) 젊은 세대는 직장은 상황에 따라 언제든지 옮길 수 있는 곳으로 생각한다.

쓰기 7

다음은 미래에 유망할 것으로 보이는 직업입니다. 여러분이 생각하는 유망 직업에 대해 다음과 같이 써 보세요.

➡ **동물을 이용한 심리 치료사 :** 사회가 고령화되고 홀로 사는 사람이 많아짐에 따라 우울증이 있는 사람들을 치료할 방법이 필요하게 된다. 그 사람에게 맞는 동물을 소개해 주고 그 동물을 통해 심리적인 안정을 찾도록 도와준다.

➡ **컴퓨터 게임 학원 강사 :** 컴퓨터 기술의 발달과 함께 아주 복잡하고 이해하기 어려운 게임들이 개발되고 있다. 이런 게임을 하는 방법을 가르치는 학원이 생기고 프로 게이머로 활동하는 사람들이 강사로 가르치게 된다.

➡ **개인 일정 관리 회사 :** 사회가 복잡해지고 개인이 해야 할 일이 많아짐에 따라 개인의 일정을 인터넷에서 관리해 주는 회사가 생긴다. 이 회사는 개인의 일정이나 해야 할 일들을 기록해 두었다가 그때그때 알려 줌으로써 중요한 일을 잊지 않게 도와준다.

➡ ______________________ : ______________________

2. 취업 준비

어휘와 표현 1

_______에 알맞은 말을 써서 문장을 완성해 보세요.

지원서 제출　　모집 공고　　필기시험　　면접　　서류 전형

취업 시즌이 다가옴에 따라 대학을 졸업하고 사회에 첫발을 내딛는 사회 초년생들의 발걸음이 바빠지고 있다. 어느 회사에 들어가느냐에 따라 앞으로의 인생이 달라질 수 있기 때문에 취업은 신중하게 준비해야 한다. 먼저 자신이 들어가고자 하는 회사의 1)__________을/를 자세히 읽어 보고 필요한 서류를 꼼꼼히 준비해야 한다. 2)__________은/는 빨리하는 것이 좋다. 그래야 나중에 빠진 서류가 있더라도 추가로 제출할 기회를 가질 수 있다. 각 회사에서는 대부분 3)__________을/를 통해 반 정도의 지원자를 떨어뜨리기 때문에 입사 지원서에서 자신의 장점과 능력을 분명히 보여 줄 수 있어야 한다. 3)__________을/를 통과한 지원자를 대상으로 하는 4)__________에서는 상식과 전공 지식을 객관적으로 평가하게 되고, 이어지는 5)__________에서는 지원자의 인성과 태도 등 직접 만나기 전에는 판단할 수 없는 부분을 평가하게 된다.

어휘와 표현 2

_______에 알맞은 말을 써서 문장을 완성해 보세요.

성적 증명서　　졸업 증명서　　이력서　　자기소개서

1. 지원자가 대학교에서 어떤 과목을 수강했는지, 또 학점은 좋았는지를 알고 싶다면 지원자의 __________을/를 보면 된다.

2. __________에서는 고향이나 학교생활을 소개하면서 자신의 특별한 능력과 경험 등 강점을 보여 주는 것이 합격에 도움이 된다.

3. 지원자의 경력과 학력을 보여 주는 __________에는 자신이 다닌 학교와 직장을 최근의 것부터 차례로 써넣으면 된다.

4. 회사에 지원할 때는 지원자가 대학교를 졸업했다는 것을 보여 주는 __________을/를 제출해야 한다.

어휘와 표현 3

관계있는 것끼리 연결하고 ______에 알맞은 말을 써넣으세요.

신입 사원을 •	• 갖추다 •	• 어떤 자격이나 능력을 보여 주는 서류를 복사해서 내다
지원 자격을 •	• 채용하다 •	• 어떤 일을 할 만한 신분이나 지위를 가지고 있다
증명서 사본을 •	• 문의하다 •	• 취업이나 입학을 위해 낸 서류를 돌려주다
지원 서류를 •	• 제출하다 •	• 회사에서 새 직원을 뽑다
의문 사항을 •	• 반환하다 •	• 궁금한 것을 물어보다

1. 보통 기업들은 학생들이 졸업하는 3월과 9월에 맞추어 신입 사원을 채용하기 때문에 취업 희망자들은 이 기간에 맞추어 준비를 하는 것이 좋다.

2. 기업에 제출하는 서류는 원본일 필요는 없고 ____________________.

3. 취업하거나 입학할 때 ____________________고 싶으면 직접 전화해도 되지만 회사나 학교의 홈페이지에 글을 올려서 물어봐도 된다.

4. 기업에 지원할 때 각종 서류를 내는데 대부분의 기업들은 ____________________지 않기 때문에 한번 제출한 서류는 돌려받을 수 없다.

5. 기업에 지원하려면 기업들이 요구하는 ____________________. 이를테면 어떤 회사가 대학 졸업자만 뽑는 경우 대학 졸업 증명서가 없다면 그 회사에 지원서를 낼 수 없다.

문법과 표현 4

아래와[위와, 다음과] 같이

A 다음 표를 보고 문장을 만들어 보세요.

1	서울대학교	다음	대학원 연구 장학생을 선발하다
2	서울전자	아래	경력 사원을 채용하다
3	시립합창단	다음	신입 단원을 뽑다
4			신입 회원을 모집하다

1. 서울대학교에서 다음과 같이 대학원 연구 장학생을 선발합니다. 관심 있는 대학원생들의 많은 지원을 바랍니다.

2. ______________________________.
______________________________.

3. ______________________________.
______________________________.

4. ______________________________.
______________________________.

B ________에 알맞은 말을 써서 문장을 완성해 보세요.

1. 한글 프로그램에서 글자 색깔을 바꾸려면 어떻게 해야 해요?
   ________ 바꾸려는 부분을 선택하고 글자 색을 바꾸면 돼요.

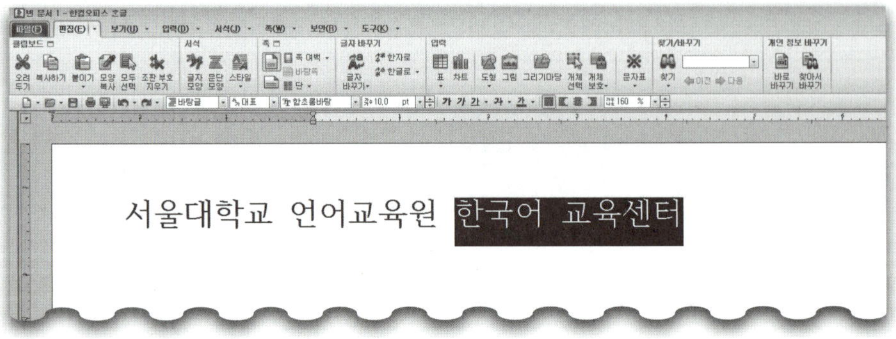

2\.

안녕하세요? 저희 서울카메라의 제품을 구매해 주셔서 감사합니다. 사용 중 갑자기 카메라가 제대로 작동하지 않을 경우 다음과 같이 해 보시길 바랍니다.

① 전원 스위치를 껐다 켠다.

② 메모리 카드를 바꿔 본다.

________________ 해도 문제가 해결되지 않을 경우, 서울카메라 A/S 센터로 가져오시면 성실히 수리해 드리도록 하겠습니다.

3\.

Q 포토샵 사용법 질문

안녕하세요? 포토샵에서 ________________ 색칠하고 싶은데 어떻게 해야 하는지 묻고 싶어서 질문을 올립니다. 제가 컴퓨터를 잘 못하니 좀 자세히 설명해 주시면 좋겠습니다.

문법과 표현 5

V-(으)오니

A 관계있는 말을 연결하고 문장을 만들어 보세요.

1	다음과 같이 직원을 모집하다	빠짐없이 참석하다
2	이번 금요일에 직원 교육을 실시하다	신청서를 내다
3	박물관 내에서는 사진 촬영을 금지하다	많은 지원을 바라다
4	두 자녀 이상 가정에 보육비를 지급하다	협조해 주다

1. 다음과 같이 직원을 모집하오니 관심 있는 학생들의 많은 지원을 바랍니다.

2. ______________________________.

3. ______________________________.

4. ______________________________.

B ________에 알맞은 말을 써서 문장을 완성해 보세요.

1. 초대장에 뭐라고 쓰면 좋을까요?

   '이번 토요일에 신입 회원 환영회를 ____________ 꼭 참석해 주시기 바랍니다.'라고 쓰세요.

2. 졸업 예정자를 대상으로 취업 설명회를 ____________.
   (개최하다)

3. 서울자동차와 함께하는 가족 사랑 캠프에 여러분을 ____________ (초대하고자 하다)
   ____________. 비용은 1인당 50,000원이고 참가 신청 후 ____________ (취소가 불가능하다)
   ____________ 신중하게 결정해 주시기 바랍니다.

문법과 표현 6

N에 한하여

A 다음 표를 보고 문장을 만들어 보세요.

1	영어 시험 성적이 900점 이상이다	해외 연수	지원하다
2	자녀가 2명 이상이다	지원금	신청하다
3	한국에서 1년 이상 살다	한국어 말하기 대회	참가하다
4		장학금	

1. 영어 시험 성적이 900점 이상인 학생에 한하여 해외 연수에 지원할 수 있다.
2. ______________________.
3. ______________________.
4. ______________________.

B ________에 알맞은 말을 써서 문장을 완성해 보세요.

1. 이번 노래 대회에는 누구나 참가할 수 있습니까?
   아니요. ______________ 참가할 수 있습니다.
2. 이 암 보험은 암으로 진단을 받고 수술을 할 경우 처음 ______________ 수술비 전액을 지급하고 그 다음부터는 수술 비용의 50%를 지급해 준다.
   (1회)
3. 세계평화 국제회의에서 일할 도우미를 뽑고 있는데 ______________
   ______________.
   (외국에서 1년 이상 거주한 경험이 있는 사람)

쓰기 7

다음을 읽고 자기소개서를 써 보세요.

자기소개서

경력 사항 및 특기 사항

저는 대학에 입학하기 전에 서울대학교 언어교육원에서 한국어 과정을 6급까지 수료했습니다. 그 후 더 세련된 한국어 표현을 익히기 위해 연구반 프로그램도 이수했습니다. 서울대학교 국어국문학과에 들어간 후에는 외국 유학생들과 전공 세미나를 하면서 공부에 힘을 쏟는 한편 등산 동아리에도 가입해 즐겁게 활동했습니다.

제 한국어 실력은 대학 생활을 통해 크게 향상되어 읽기, 듣기는 매우 자신 있는 수준이며 일상생활의 말하기는 전혀 불편함이 없는 수준입니다. 발표와 토론도 이제는 상당히 능숙해졌습니다.

또 저는 대학 시절부터 현재까지 많은 번역 및 통역 업무를 담당했습니다. 대학 재학 동안에는 영화, 드라마, 웹 페이지 등의 번역을 맡아서 했고 졸업 후에는 서울전자, 한국자동차, (주)신화, 세신건설, 현진중공업과 같은 기업에서 통역을 하거나 수출입 관련 서류를 번역했습니다. 그동안 제가 담당했던 일의 결과물을 별첨 자료로 제출하오니 참조해 주시기 바랍니다.

자기소개서

경력 사항 및 특기 사항

V 가르침과 배움

1 학교 이야기

어휘 교육 및 시험

문법
- N이/가 중요한 역할을 하다
- N에서 N의 비중이 높다
- N(으)로 인해

의사소통 기술 대안 학교에 대한 글 읽고 내용 파악하기

2 한석봉의 어머니

어휘 사람의 능력

문법
- A-(으)ㄴ/V-는 탓
- A/V-(으)면 그만이다
- A/V-(으)ㄹ뿐더러
- 이래 가지고(서)(야)

의사소통 기술 한글 학습에 대한 글 읽고 내용 파악하기

3 공부 잘하는 비결

어휘 교육 및 학습

문법
- V-(으)ㅁ으로써
- N을/를 통해서
- A-(으)ㄴ/V-는 면이 있다
- N은/는 N을/를 보여 주는 좋은 예이다

의사소통 기술 자기 관리에 대한 글 읽고 내용 파악하기

1. 학교 이야기

어휘와 표현

A 다음을 읽고 ________ 에 알맞은 말을 써넣으세요.

수학여행　　축제　　입학식　　졸업식　　체육 대회

고등학교를 졸업한 지 벌써 20년이 넘었다. 대학 입시로 인해 하루하루가 피곤한 시절이었지만 공부만 한 것은 아니었다. 매년 가을에는 1)__________이/가 있었다. 학생들이 연극 공연이나 그림 전시회 등의 행사를 했는데 남학생과 여학생이 자연스럽게 만날 수 있는 시간이었기 때문에 이날을 기다리는 학생들이 많았다. 2)__________도 학생들이 기대하는 것 중의 하나였다. 힘든 공부에서 벗어나 마음껏 뛰고 운동 경기를 하며 쌓인 스트레스를 풀어 버릴 수 있었다. 고등학교 2학년이 되면 3)__________을/를 갔다. 2박 3일 일정으로 경주나 제주도 등으로 여행을 떠나서 친구들과 단체로 지내면서 서로 잘 모르던 친구들도 가까워질 수 있어서 좋았다. 현재와 마찬가지로 각 학교에서는 매년 2월과 3월에 각각 4)__________와/과 5)__________을/를 했다. 학교를 떠나는 학생들의 아쉬운 마음과 새로 학교생활을 시작하는 학생들의 설레는 마음이 학교 운동장을 가득 채우는 시간이었다.

B 다음을 읽고 ________ 에 알맞은 말을 써넣으세요.

객관식　　주관식　　서술형　　사지선다형　　단답형　　중간고사　　기말고사　　모의고사

한국에서 학생을 평가하는 시험에는 여러 가지 형태가 있다. 먼저 시험 문제에는 1)__________와/과 2)__________이/가 있다. 1)__________ 문제는 학생들이 문제에 대한 답을 주어진 여러 가지 보기 중에서 고르는 것이다. 네 개 중에서 하나를 고르는 것일 경우 3)__________이라고 한다. 2)__________은/는 문제에 대한 답을 학생들이 직접 쓰는 형태인데 학생들의 실력을 비교적 정확히 평가할 수 있지만 채점이 어렵다는 문제가 있다. 여기에는 4)__________와/과 5)__________이/가 있는데 4)__________은/는 한 단어나 어구로 답을 쓰는 것이고 5)__________은/는 답을 글로 쓰는 것이다. 학생들은 학기 중간에 보는 6)__________(이)나 학기 말에 보는 7)__________에서 위와 같은 유형으로 시험을 보게 된다. 고3 학생들은 수능 시험을 대비해서 8)__________도 보게 되는데 수능 시험과 동일한 유형의 시험을 연습으로 보는 것이다.

어휘와 표현 2

_______에 알맞은 단어를 보기에서 골라 써넣으세요.

공교육　　사교육　　대안 교육　　평생 교육　　가정 교육　　태교

1. 학교에서 배우는 것으로 충분하지 않다고 생각하는 학생들이 학원이나 과외 같은 ______________에 의지하는 경향이 있다.

2. 요즘은 많은 사람들이 학교에서 제공하는 교육이 아이들을 올바로 가르치지 못하고 있다고 생각해서 ______________을/를 선택하고 있다.

3. 요즘 ______________을/를 제대로 받지 못한 아이들이 많다. 어른들에게 예의가 없고 자기 하고 싶은 대로 행동하는 아이들을 보면 부모가 어렸을 때부터 야단도 치지 않고 하고 싶은 대로 하게 두었던 탓이라는 생각이 든다.

4. 임신을 했을 때 좋은 음악을 듣고 바른 생각을 하면 성격과 머리가 좋은 아이가 태어난다고 한다. 그래서 아기를 가진 부모들은 ______________에 관심을 갖게 된다.

5. 교육은 학교를 졸업한 이후에도 계속되어야 한다는 생각에서 정부에서는 각 학교나 구청에 ______________ 프로그램을 만들 것을 권장하고 있다.

6. '______________의 위기'라는 말을 요즘 많이 한다. 학생이나 학부모가 학교 교육에 만족하지 못하고 학원이나 과외에 지나치게 의존하면서 생긴 문제이다.

어휘와 표현 3

관계있는 것끼리 연결하고 ________에 알맞은 말을 써넣으세요.

의무 교육을 •	• 치열하다 •	• 자기 아이에게 좋은 교육을 받게 하려는 생각이 강하다
교육열이 •	• 실시하다 •	• 활용해서 쓸 수 있는 사람이 충분하고 많다
정책을 •	• 중시하다 •	• 어떤 목적을 이루기 위한 방법을 더 좋게 바꾸다
인적 자원이 •	• 개선하다 •	• 일정 수준 이상의 교육을 꼭 받아야 하는 제도를 시행하다
학력을 •	• 높다 •	• 받은 교육 정도나 다닌 학교를 중요하게 생각하다
경쟁이 •	• 풍부하다 •	• 경쟁이 아주 심하다

1. 현재 한국은 중학교까지 의무 교육을 실시하고 있다. 부모는 아이들을 반드시 중학교까지 보내야 하며 학비는 정부에서 지원해 준다.

2. 한국의 부모들은 ______________________. 경제적으로 어려운 가정에서도 자녀들을 대학까지 꼭 보내려고 노력한다.

3. ______________________는 사회에서는 뛰어난 능력을 가진 사람이 좋은 학교를 나오지 않았다는 이유만으로 능력을 발휘할 기회를 갖지 못하게 되는 경우도 있다.

4. 고3 학생들 사이에서는 명문대에 들어가려는 ______________________. 몇몇 대학교에는 모집 정원의 몇 배가 되는 학생들이 지원한다.

5. 한국은 천연자원은 부족하지만 좋은 교육을 받은 우수한 인재들이 많아서 __________ ______________________.

6. 교육 정책이 많은 비판을 받고 있다. ______________________기 위해서 정부가 많은 노력을 기울이고 있지만 쉽게 해결되지 않고 있다.

문법과 표현 4

N이/가 중요한[큰] 역할을 하다, N의 역할이 중요하다[크다]

A 다음 표를 보고 문장을 만들어 보세요.

1	학교 건물 신축	큰돈을 기부해 준 기업
2	암 치료	연구팀이 새로 개발한 약
3	출산율 증가	보육비를 지원하는 정부 정책
4	한국어 실력 향상	

1. 학교 건물 신축에 큰돈을 기부해 준 기업이 중요한 역할을 했다.
   학교 건물 신축에 큰돈을 기부해 준 기업의 역할이 컸다.

2. ______________________________.
   ______________________________.

3. ______________________________.
   ______________________________.

4. ______________________________.
   ______________________________.

B ________에 알맞은 말을 써서 문장을 완성해 보세요.

1. 마이클 씨가 취업하는 데 민수 씨가 많이 도와줬다면서요?
   네, 정말이에요. ______________________________.

2. 야구에서 포수와 투수 중 누가 더 ______________________________에 대해 사람마다 의견이 다르다. 내 생각에는 포수는 누구나 할 수 있지만 투수는 누구나 할 수 있는 일이 아니라는 점에서 투수의 ______________________________ 것 같다.

* 중재하다
중간에서 문제를 조정하다.

3. 두 국가 사이에 문제가 있을 때는 그 사이에서 중재하는* ____________ (국가) ____________. 어떻게 중재하느냐에 따라서 문제가 쉽게 풀릴 수도 있고 오히려 어려워질 수도 있기 때문이다.

문법과 표현 5

N에서 N의 비중이 높다[크다, 작다, 낮다],
N에서 N이/가 차지하는 비중이 높다[크다, 작다, 낮다]

A 다음 표를 보고 문장을 만들어 보세요.

1	생활비	어떤 비용	식비
2	대학 입시	무슨 과목	국어, 영어, 수학
3	자녀 교육	누구의 역할	어머니
4	필기시험과 면접 중		

1. 한 달 생활비에서 어떤 비용의 비중이 제일 커요?
   식비가 차지하는 비중이 제일 높은 편이에요.

2. ____?
   ____.

3. ____?
   ____.

4. ____?
   ____.

B ________에 알맞은 말을 써서 문장을 완성해 보세요.

1. 대학교 입시에서 내신 성적이 ______________________________?

   네, 높은 편이에요.

2. 한국인들은 부동산에 비해 금융 자산에 대한 관심이 적다. 재산을 모을 때 유럽인들은 부동산과 금융 자산의 비율이 3:7인데 반해 한국인들은 7:3으로 금융 자산의 ______________________________.

3. 모나코 몬테카를로 시는 매년 열리는 F1 경기의 성공적인 개최를 위해 적극 협조하고 있다. 그 이유는 단 3일 진행되는 경기로 약 1,130억 원의 경제 효과를 얻는데 이것이 모로코 1년 GDP에서 ______________________________기 때문이다.

문법과 표현 6

N(으)로 인해

A 관계있는 말을 연결하고 문장을 만들어 보세요.

1	지구 온난화 •	• 교육비가 증가하다
2	사교육비 •	• 성금 모금액이 감소하다
3	경제 불황 •	• 대학 졸업을 늦추는 학생들이 많다
4	취업난 •	• 빙산이 녹다

1. 지구 온난화로 인해 빙산이 녹아서 해수면이 점점 높아지고 있다.

2. ______________________________.

3. ______________________________.

4. ______________________________.

B ________에 알맞은 말을 써서 문장을 완성해 보세요.

1. 이번 교통사고는 어떻게 발생한 것입니까?

   조사 결과 이번 사고는 ______________________________.

2. 40대 이상의 직장인 중에 ______________________________
   과로나 스트레스, 사망하다
   ______________. 그러므로 평소에 과로를 피하고 스트레스를 받으면 운동이나 취미 활동으로 빨리 풀어 주는 게 중요하다.

3. ______________________ 해외여행이 줄자 여행사들이 반값 여행 상품을
   유행성 독감
   내놓고 각종 사은품을 제공하는 등 해외 여행객을 늘리기 위해 노력하고 있다.

읽기 7

다음을 읽고 질문에 답하세요.

입시 위주 교육, 학교 폭력 등 현재의 교육 제도가 가지고 있는 문제점들을 해결해 보려는 학교들이 있다. '정규 고등학교형 대안 학교'가 그것이다. 이런 학교는 일반 학교의 기본 틀은 유지하지만 다양한 과목과 체험 학습 등 일반 학교에서는 대학 입시 때문에 큰 비중을 차지하지 못하는 부분에 많은 시간을 쓴다. 학생들은 국어, 영어, 수학 등 입시 위주의 공부에서 벗어나 빵 만들기, 영화 감상, 도자기 만들기, 미술, 체육 등 ⓐ______________ 일반 학교에서는 충분히 체험해 보지 못하는 활동을 해 보면서 자기의 적성을 찾으려고 노력한다.

몇 해 전에 개교한 한 대안 학교 학생들은 한 학기에 열 과목 이상을 공부하는 일반 고교와는 달리 자기 관심과 장래 희망을 고려해 스스로 수업 시간표를 짠다. 강원도에 위치한 또 다른 대안 학교의 학생들은 자신이 원하지 않으면 수업에 들어오지 않아도 된다. 학생 자신이 공부하고자 하는 마음이 들 때까지 선생님들은 인내를 가지고 학생을 지켜봐 준다.

그러나 현재의 대안 학교는 일반 학교의 문제점을 해결하기 위한 대안으로 등장한 데 반해 문제에 대한 분명한 답이 되고 있다고 할 수는 없다. 기존의 입시 위주의 교육을 버리고 새로운 형태의 교육을 ⓑ______________ 있지만 이것이 학생들에게 바람직한 교육인지 아닌지 아직 분명하게 나온 결과가 없는 데다가 일정한 틀이 없이 너무 다양한 형태를 가지고 있다는 것도 새로운 문제점으로 제기되고 있다.

1. ⓐ에 들어갈 말로 알맞은 것을 고르세요.

① 대학 입시로 인해

② 대학 입시뿐만 아니라

③ 대학 입시에 반해

2. ⓑ에 들어갈 말로 알맞은 것을 고르세요.

① 제정하고

② 전시하고

③ 도입하고

3. 다음 중 대안 학교에 대한 설명으로 맞는 것을 모두 고르세요.

① 한 학기에 열 과목 이상을 공부한다.

② 입시 위주 교육의 분명한 대안이 되고 있다.

③ 정규 고등학교와는 완전히 다른 형태의 학교이다.

④ 대학 입시에서 비중이 높지 않은 부분에 대한 교육이 많다.

⑤ 일반 학교와는 다르게 학생들이 다양한 활동을 해 볼 수 있다.

2. 한석봉의 어머니

어휘와 표현

관계있는 것끼리 연결하고 ______ 에 알맞은 말을 써넣으세요.

재주가 뛰어나다 •	• 뛰어나거나 다른 점이 없이 보통이다
솜씨가 있다 •	• 보통 사람보다 훨씬 뛰어난 능력이 있다
천재적이다 •	• 무엇을 잘할 수 있는 능력이 아주 좋다
평범하다 •	• 손으로 무엇을 잘 만드는 능력이 있다
이름나다 •	• 세상에 이름이 널리 알려지다
훌륭하다 •	• 매우 크거나 심하거나 뛰어나다
대단하다 •	• 매우 좋아서 부족한 것이 없다

1. 그는 평소에 별로 말이 많은 사람도 아닌데, 신기하게도 다른 사람의 마음을 쉽게 움직이는 재주가 뛰어나다.

2. 우리 학교는 교칙이 엄격하기로 ______ 학교로서 학생들이 정해진 규칙을 지키지 않았을 때는 생활 점수를 깎는 벌을 준다.

3. 이번에 서울시에서 초대 손님만 1,000명에 이르는 ______ 규모의 행사를 계획 중이라고 한다.

4. 그분은 ______ 인품과 도덕성을 가지신 분으로 한평생 국가와 민족을 위해 봉사하며 이 사회를 이끌어 온 지도자였다.

5. 그는 음악가로서 보통 사람과는 다른 ______ 재능을 보이고 열정적으로 활동하다가 일찍 세상을 떠나고 말았다.

6. 우리들 중에는 그렇게 특별한 사람은 없다. 모두들 다른 사람의 눈에 잘 띄지 않는 ________________ 학생들일 뿐이다.

7. 그 사람은 잘하는 것이 많지만 특히 음식 ________________ 주변 사람들에게 아주 인기가 좋다.

어휘와 표현 2

________에 알맞은 말을 써서 문장을 완성해 보세요.

썰다 비치다 희미하다 고르다 비뚤다 눈에 선하다 염려하다 일리가 있다

1. 벽에 걸린 액자가 ________________. 다시 똑바로 걸어야겠다.

2. 서울에 산 지가 10년이 넘었는데 지금도 눈을 감으면 어렸을 적 친구들과 뛰어놀던 고향 마을 모습이 ________________.

3. 성적이 떨어져서 그런지 저녁에 세수하는데 오늘따라 거울 속에 ________________ 내 모습이 좀 우울해 보인다.

4. 우리 반 학생들은 한국어 실력이 비슷하고 말하기, 듣기, 읽기, 쓰기 시험 성적이 ________________ 편이어서 토론이나 팀 활동에 어려움이 없다.

5. 오래된 일이라 잘 기억나지는 않지만 초등학교 1학년 때 항상 옆집에 사는 민수라는 친구와 같이 학교에 다녔던 일이 ________________ 기억이 난다.

6. 먼저 고기를 끓는 물에 삶은 뒤에 잘게 ________________ 접시에 담는다. 그리고 양념장을 만들어서 같이 상에 올리면 된다.

7. '안방에 가면 시어머니 말이 옳고 부엌에 가면 며느리 말이 옳다'는 속담은 양쪽의 말이 다 ________________ 뜻이다.

8. 여러분, 잘 지내고 계십니까? 저도 잘 지내고 있으니 너무 ________________ 마십시오. 이곳에서 업무를 마치는 대로 곧 돌아가서 뵙겠습니다.

어휘와 표현 3

❀ 다음을 읽고 ________에 알맞은 말을 써넣으세요.

벌컥 잠자코 제대로 푹 당장

오늘 점심시간에 교실에서 명애와 현지가 다투기 시작했다. 다음 주 체육 대회 준비를 하는데 명애가 맡은 일을 1)____________ 하지 않았다면서 현지가 2)____________ 화를 내며 교실을 나가 버렸다. 우리는 그냥 3)____________ 있을 수밖에 없었다. 바로 다음 주가 체육 대회이기 때문에 4)____________ 할 일도 많은데 서로 다투고 있으니 이래 가지고 잘할 수 있을지 걱정이다. 집으로 돌아오니 무척 피곤했다. 오늘은 5)____________ 쉬고 내일 다시 체육 대회 준비를 해야겠다.

문법과 표현 4

A-(으)ㄴ/V-는 탓

A 관계있는 말을 연결하고 문장을 만들어 보세요.

1	밤새워 공부하다 •	• 시험 준비하기가 어렵다
2	가방이 무겁다 •	• 얼굴이 창백해지다
3	수업을 못 듣다 •	• 어깨가 한쪽으로 기울어지다

1. 중간고사 기간에 밤새워 공부한 탓에 얼굴이 창백해졌다.

2. 고학년이 되니 항상 ________________________________.

3. 병원에 입원하여 ________________________________.

B ________에 알맞은 말을 써서 문장을 완성해 보세요.

1. 수지 씨는 성격도 좋고 실력도 좋고 부족한 점이 없는 것 같아요.

저도 단점이 많아요. 제가 좀 ____________ 탓에 ____________ ____________ 경우가 많아요.

2. 대학 입시 준비로 힘든 고3이 된 지 5개월이 되었다. ________________ 몸도 마음도 무겁다. 요즘은 날씨마저 더워져서 더욱 공부하기가 힘이 든다. 밤늦게까지 공부하고 ________________ 피곤이 풀리지 않는다. 그래도 이런 고생이 나중에 추억이 되리라 생각하며 오늘도 열심히 공부를 한다.

(하루 종일 공부만 하다) (아침 일찍 일어나야 하다)

N(의) 탓

A 다음 표를 보고 문장을 만들어 보세요.

1	잘못하다	남의 탓
2	잊어버리다	나이 탓
3		날씨 탓

1. 자기가 잘못한 일인데 자꾸 남의 탓을 하는 경우가 많아요.

2. 자꾸 뭔가 ________________________________.

3. ____.

B ________에 알맞은 말을 써서 문장을 완성해 보세요.

1.  수지 씨, 왜 어제 모임에 안 왔어요?

    ________________________________.

2. 어린 시절 그는 ________________ 학교 공부를 그만두어야 했다. 그러나 언젠가 다시 공부를 시작하겠다는 꿈을 버리지 않았다. 항상 ________________ 고생했지만 그래도 그의 꿈이 그를 성공으로 이끌어 준 힘이 되었다.

(어려운 집안 형편) (바쁘고 힘든 생활)

문법과 표현 5

A/V-(으)면 그만이다

A 다음 표를 보고 문장을 만들어 보세요.

1	돈만 잘 벌면 (다른 건 신경 안 쓴다)	무책임한 생각
2	자식들만 잘되면 (힘들어도 괜찮다)	부모님들 생각
3	재미만 있으면 (다른 문제는 상관없다)	요즘 TV 프로그램의 모습
4	음식이 맛있기만 하면 (몸에 나빠도 괜찮다)	

1. 돈만 잘 벌면 그만이라는 건 무책임한 생각이지요.

2. ______________________________.

3. ______________________________.

4. ______________________________.

B ________에 알맞은 말을 써서 문장을 완성해 보세요.

1.  ______________________ 그만이라는 생각을 많이들 하는 것 같아요.

    네. 그런 생각은 ______________________.

2. 전철을 타고 가다 보면 노인이 서 계시는데도 자는 척하고 자리를 양보하지 않는 젊은이들이 있다. ______________________ (나만 편하다) 생각은 너무 이기적인 것 같다. 또 공공장소에서 아이들이 시끄럽게 뛰어다니거나 잘못을 해도 야단치지 않는 부모들이 있다. ______________________ (내 자식이 잘 놀기만 하다) 생각이 바로 문제인 것 같다.

3. 우리 고3 때 담임 선생님은 항상 밤늦게까지 학교에서 공부하는 우리들을 옆에서 지켜보시며 당신은 다른 것 바라지 않고 ______________________ (우리들이 훌륭한 사람이 되기만 하다) 말씀을 하셨다. 그러면서 우리들에게 많은 사랑을 보여 주셨고 ______________________ (너희와 이렇게 즐겁게 지낼 수만 있다) ______________________ 말씀도 자주 하셨다.

문법과 표현 6

A/V-(으)ㄹ뿐더러

A 다음 표를 보고 문장을 만들어 보세요.

1	크기가 작다	가볍다
2	머리가 좋다	노력도 많이 하다
3	햇빛도 잘 들다	넓다
4	경력도 없다	

1. 이 자전거는 크기가 작을뿐더러 가벼워서 여행하면서 가지고 다니기가 좋다.

2. 그 사람은 ______________________________.

3. 이 집은 ______________________________.

4. 그 남자는 ______________________________.

B ________에 알맞은 말을 써서 문장을 완성해 보세요.

1. 새로 산 휴대 전화는 어떤 점이 좋아요?

   ______________________________.

2. 우리 동네에 새로 생긴 빵집은 손님이 아주 많다. ____________(빵 맛이 좋다) 점원도 매우 친절하기 때문이다. 또 ____________(케이크가 다양하다) 값도 싼 편이라 나도 자주 이용한다.

3. 이번 영화에서 그 배우는 아주 다양한 재주를 보여 준다. ____________(악기도 잘 다루다) 노래 실력도 뛰어나다. 그리고 ____________(수영도 아주 잘하다) 비행기 조종 실력도 대단해서 영화를 보는 동안 계속 놀라게 된다.

문법과 표현 7

이래[그래, 저래] 가지고(서)(야)

A 다음 표를 보고 문장을 만들어 보세요.

1	민수 씨가 아주 늦게 왔다	일을 제대로 할 수 없다
2	두 사람이 싸웠다	함께 일을 할 수 없다
3	등산화를 준비하지 못했다	산에 올라갈 수 없다
4		졸업할 수 없다

1. 민수 씨가 아주 늦게 왔어요.
   그래 가지고서야 어떻게 일을 제대로 하겠어요?

2. ______________________.
   ______________________?

3. ______________________.
   ______________________?

4. ______________________.
   ______________________?

B ______에 알맞은 말을 써서 문장을 완성해 보세요.

1. 오늘 밤부터 태풍이 분대요.
   그래요? 이래 가지고 ______________________?

2. 할 일은 많은데 시간은 벌써 잘 시간이 지났다. ______________(할 일을 다 마칠 수 있다) ______________ 걱정이 된다. 일도 걱정이 될뿐더러 ______________(내 건강을 지킬 수 있다) ______________도 걱정이다.

3. '들꽃' 회원들에게. 공연을 일주일 앞두고 있는 지금, 여러 가지 걱정에 메일을 보낸다. 시간이 별로 없는데 아직 의상도 다 준비되지 않았고 연습도 부족해서 큰일이다. ______________ ______________(제대로 공연을 할 수 있다) 정말 걱정이 된다.

읽기 8

다음을 읽고 질문에 답하세요.

육십에 배운 한글

안녕하세요? 저는 육십이 넘은 할머니 김덕례라고 합니다. 뒤늦게 'OOO학교'에서 한글을 배우고 있는 학생이지요. ⓐ ______________ 2년이 넘었는데도 아직도 어려운 받침이 있는 글자는 다 틀리니 어쩌면 좋을지 모르겠습니다.

우리 나이의 사람들은 세상이 어려울 때 태어나서 못 배우기도 했지만 내가 어렸을 때에는 여자애들이 글자를 배우면 팔자가 세진다고 아버님이 절대 못 배우게 했어요. 그것이 두고두고 내 평생에 한이 될 줄은 정말 몰랐습니다. 그 설움은 아무도 몰라요. 혹시나 누가 글씨라도 쓰라고 할까 봐 사람 많이 모인 데는 가지 않았고 은행에 가서 돈 한 번 찾아 보지 못했습니다. 한마디로 ⓑ ______________.

그러나 지금 전 세상 사는 게 재미있고 행복합니다. 이제 거리를 다녀도 제가 아는 글자들이 많이 있으니 겁날 것이 없고 은행 가서 돈도 척척 찾습니다. 글을 안다는 게 이렇게 좋은 건지 몰랐습니다.

사실 그동안 우리 집 양반한테랑 딸아이한테 '기역, 니은…….' 정도는 배우다가 말았는데 어느 날 딸아이가 'OOO학교' 전화번호를 적어다 줘서 당장에 전화해서 등록하고는 하루도 결석하지 않고 열심히 공부했습니다.

아침부터 와서 월급 한 푼 안 받고 일자무식인 우리에게 한글을 가르쳐 주는 선생님들이 고마워서라도 포기하지 않으렵니다. ⓒ'배우는 고통은 잠깐이지만 못 배운 고통은 평생이다.'라는 말이 있습니다. 한글을 모르고 사는 아주머니, 할머니들! 망설이지 말고 이번 기회에 용기 내서 한글을 배워 보세요. 이 늙은이도 배우는데 다 할 수 있습니다. 우리 새롭게 인생을 사십시다.

〈고등학교 국어 상, 교육부〉

1. ⓐ에 들어갈 말로 알맞은 것을 고르세요.

① 한글을 배운 지 ② 할머니가 된 지 ③ 고등학교를 졸업한 지

2. ⓑ에 들어갈 말로 알맞은 것을 고르세요.

① 그림의 떡이었지요 ② 눈 뜬 장님이었지요 ③ 하늘의 별 따기였지요

3. 다음 중 내용과 같은 것을 모두 고르세요.

① 할머니는 이제 한글을 알아서 재미있고 행복하다.
② 할머니는 집에서 가족에게 한글을 배워 본 적이 없다.
③ 할머니의 아버지는 할머니가 열심히 공부하기를 바라셨나.
④ 할머니가 다니는 학교의 선생님들은 무료로 봉사하고 있다.
⑤ 할머니는 자기와 비슷한 다른 사람들에게도 한글을 배울 것을 권하고 있다.

4. ⓒ는 무슨 뜻일까요?

3. 공부 잘하는 비결

어휘와 표현 1

_______에 알맞은 말을 써서 문장을 완성해 보세요.

진학하다 암기하다 효과적이다 엄격하다 참교육 주입식 교육

1. 미래에 자신에게 맞는 직업을 선택하기 위해서는 먼저 자신의 적성에 맞는 학과에 ______________ 것이 중요하다.

2. 부모가 너무 ______________ 자녀를 기르면 도덕성은 발달하지만 성격은 매우 수동적이 된다는 연구 결과가 나왔다.

3. 단어를 여러 번 소리 내서 읽거나 쓰면서 외우는 등 ______________ 방법은 개인마다 다르지만 여러 번 본다는 점에서는 공통점을 가지고 있다.

4. 고등학생을 대상으로 한 조사에서 학원을 다니는 것보다 인터넷 강의를 듣는 것이 시간을 아낄 수 있어 더 ______________ 응답한 학생들이 많았다.

5. 학생의 흥미나 능력을 고려하지 않고 일방적으로 지식을 학생에게 쏟아붓는 식의 ______________(으)로는 창의적인 인재를 기르기 어렵다.

6. 좋은 대학을 나와야 성공할 수 있다는 사회 분위기 속에서 올바른 인성을 가진 인물을 기르려는 ______________이/가 진정 필요한 때이다.

어휘와 표현 2

관계있는 것끼리 연결하고 ________ 에 알맞은 말을 써넣으세요.

기억이 •	• 찡그리다 •	• 마음에 맞지 않아 기분 나빠하다
짜증을 •	• 나다 •	• 어떤 사실을 스스로 알게 되다
얼굴을 •	• 내다 •	• 햇빛, 고통, 기분 나쁨, 이상한 맛 등으로 얼굴 모양을 나쁘게 바꾸다
사실을 •	• 깨닫다 •	• 옛날에 있었던 일이 생각나다

1. 서랍 정리를 하다가 중학교 수학여행 때 찍은 사진을 발견했다. 10년 전 일인데도 그때 친구들과 즐겁게 놀았던 기억이 난다.

2. 영화가 끝나고 밖으로 나가니 햇빛이 너무 강해서 나도 모르게 ________________.

3. 더운 날씨에 밤늦게 지쳐서 집에 돌아왔더니 아파트 엘리베이터가 고장이다. 할 수 없이 ________________ 15층까지 계단을 걸어서 올라왔다.

4. 행복이란 자신의 주위에서 찾아내는 것이 아니라 자신의 마음속에서 발견해 가는 것이라는 ________________ 때 진정 우리는 행복해질 수 있다.

어휘와 표현 3

다음을 읽고 ________ 에 알맞은 말을 써넣으세요.

비결　　명문　　청소년　　방식　　조절

학교생활에 잘 적응하지 못하는 학생들을 변함없는 사랑으로 이끌어 대학에 진학시켜 온 선생님이 있어 화제다. 희망고등학교의 이정선 선생님은 제자들과 마음을 터놓고 교류할 수 있었던 1)__________은/는 그들과의 진심 어린 대화라고 말한다. 이 선생님은 그들을 이해하기 위해 많은 전문 서적을 읽으며 2)__________의 심리를 공부했다고 한다. 또한 상담 시간을 활용하여 답답한 생활 속에서 고통과 분노를 느끼는 학생들에게 스스로의 감정을 3)__________하도록 가르쳤다고 한다. 이러한 4)__________(으)로 이 선생님은 학생들에게 더 다가갈 수 있었고 많은 도움을 줄 수 있었다. 이렇게 노력하는 선생님이 있다면 그곳이 바로 5)__________ 학교가 아닌가 하는 생각이 드는 시간이었다.

문법과 표현 4

V-(으)ㅁ으로써

A 관계있는 말을 연결하고 문장을 만들어 보세요.

1	마음을 주고받고 하다 •	• 학습 효과를 크게 높이다
2	새 단어를 읽고 쓰고 하다 •	• 그 사람의 고통을 덜어주다
3	예습과 복습을 철저히 하다 •	• 진정한 친구가 되다
4	아무 말 없이 이야기를 들어 주다 •	• 확실하게 암기하다

1. 사람들은 누구나 마음을 주고받고 함으로써 진정한 친구가 될 수 있다.

2. 외국어를 공부할 때 ______________________________.

3. 수업 전과 후에 ______________________________.

4. ______________________________.

B ________에 알맞은 말을 써서 문장을 완성해 보세요.

1. 공부에 집중이 안될 때 어떻게 하십니까?

   그럴 때는 ______________________________.

2. 새로 짓는 주민 센터에는 층마다 ______________________(컴퓨터실을 설치하다) 이용자들의 편의를 돕기로 했다. 또한 1층에는 ______________________(커다란 공부방을 마련하다) ________ 방과 후에 학생들이 와서 공부할 수 있도록 할 예정이다.

3. 최근 시골의 한 중학교가 새로운 명문 학교로 떠올라 화제가 되고 있다. 이 학교는 매일 학생들에게 ______________________(자연 체험 활동을 시키다) 자연 속에서 마음껏 뛰놀 수 있는 기회를 제공하고 있다. 또한 영어 시간에 영어로 수업을 진행하고 학생마다 한 가지씩 악기를 다루거나 체육 활동을 시키는 등 ______________________(적극적으로 학교를 운영하다) 매년 학생 수가 증가하고 있다고 한다.

문법과 표현 5

N을/를 통해(서)

A 다음 표를 보고 문장을 만들어 보세요.

1	인터넷	필요한 정보를 얻다
2	전시회	자신의 작품을 세상에 알리다
3	통계 자료	많은 사회 현상을 이해하다
4	TV 프로그램	

1. 많은 사람들이 인터넷을 통해서 필요한 정보를 얻는다.

2. 화가는 ________________.

3. 우리는 ________________.

4. 그 이야기는 ________________.

B ________에 알맞은 말을 써서 문장을 완성해 보세요.

1. 감독님께서 이 영화에서 표현하려고 한 것은 무엇입니까?
   저는 ________________.

2. 세계가 점점 더 가까워지고 있는 요즘 우리는 여러 나라의 서로 다른 문화를 다양하게 접하게 된다. ________________(인터넷이나 뉴스), 또는 ________________(여행이나 영화) 다른 문화를 만나고 이해하게 된다.

3. 한 사람의 인간성은 태어날 때부터 가지고 있는 부분도 있지만 살아가면서 다듬어지는 부분도 있다. ________________(성공과 실패), 그리고 ________________(고통과 사랑) 인간성이 더 성숙해지는 것이다.

문법과 표현 6

A-(으)ㄴ/V-는 면[일면]이 있다

A 다음 표를 보고 문장을 만들어 보세요.

1	골프	하나의 운동에 불과하다	인생과 비슷하다
2	한국의 교육	수준이 높다	입시 위주의 교육에 치우치다
3	외국어 공부	의사소통을 위한 것이다	문화 교류가 이루어지다
4	그 사람		

1. 골프는 하나의 운동에 불과하지만 우리의 인생과 비슷한 면이 있다.

2. ______________________________.

3. ______________________________.

4. ______________________________.

B ________에 알맞은 말을 써서 문장을 완성해 보세요.

1. 지난 학기 한국 역사 강의는 어땠어요?

   ______________________________.

2. 그 아이는 아직 어리지만 ______________(어른스럽다). 다른 사람에 대한 배려심도 있고 자기 생각을 분명히 표현할뿐더러 어떤 일을 스스로 결정하는 능력도 있어서 그 나이 또래의 아이들과는 분명히 ______________(다르다).

3. 어떤 일을 해 나갈 때에 항상 긍정적인 면만 있는 것은 아니다. 부정적인 부분도 있고 ______________(힘들다). 그러나 그런 어려움을 이기고 일을 완성함으로써 다음 단계로 성장할 수 있다고 본다.

문법과 표현 7

N은/는 N을/를 보여 주는 좋은 예이다

A 다음 표를 보고 문장을 만들어 보세요.

1	장애인 차별	우리 사회의 미성숙함
2	한국 드라마의 수출	한국 문화의 세계 진출
3	이번에 일어난 지하철 공사장의 사고	안전 교육의 필요성
4	그의 성공	

1. 장애인 차별은 우리 사회의 미성숙함을 보여 주는 좋은 예이다.

2. ____.

3. ____.

4. ____.

B ________에 알맞은 말을 써서 문장을 완성해 보세요.

1. 고3 학생들을 대상으로 '대학에 가서 가장 먼저 하고 싶은 일'을 조사했는데 대부분 펑펑 놀고 싶다는 응답을 했대요.

   ____.

2. 최근 좋은 학교를 만들려는 학교와 학부모들의 노력이 이어지고 있다. 그중에서도 ____.
   가고 싶은 도서관 만들기, 그러한 노력
   학교 도서관을 확장하거나 새로 지어 학생들에게 편안한 공간에서 많은 책을 읽도록 하는 것이다. 또한 독서 일기를 쓰게 하거나 ____.
   책과 관련된 행사를 마련하는 것, 책과 친해지도록 하는 교육

3. 지난달 발견된 1,200년 전 무덤에서 많은 생활용품들이 발견되었다. 그중에서도 ____.
   다양한 그릇, 당시 도자기의 특징
   또한 함께 발견된 ____.
   많은 옷, 당시 의생활의 특성

읽기 8

다음을 읽고 질문에 답하세요.

유행가를 연습하는 부총리

나이가 들면 흘러간 옛 노래나 부르게 되고 신곡은 젊은 사람들 차지가 되기 쉽다. 그런데 여기 부하 직원들과 노래방에 가서 항상 ⓐ________________을/를 불러 화제가 된 부총리가 있다. 그는 신곡 부르기 내기에서 젊은 20대 직원들에게도 이김으로써 '노래의 대가'라는 별명을 얻었다고 한다.

그는 '유행가를 부르지 못한다면 시대에 뒤떨어진 것이다.'라는 생각으로 틈틈이 신곡을 연습했다. 따로 연습 시간을 낼 수 없었던 부총리는 차로 이동하면서 차 안에서 노래를 불렀다고 한다. TV나 라디오를 ⓑ________________ 새로운 노래를 접하게 되면 어김없이 그 노래를 구해다가 차 안에서 듣고 따라 부르며 연습을 했다. 이렇게 시간과 노력을 투자한 것은 자기 관리의 중요성을 보여 주는 좋은 예이다.

이제는 어떤 분야에서든지 ⓒ'자기 관리'의 시대가 왔다고 해도 될 것이다. 자기 관리 능력이 있고 없음은 스스로의 정신력을 보여 주는 좋은 예이다. 60이 넘은 나이에도 경쟁력을 가지고 자신감 있게 활동을 펼칠 수 있는가 그렇지 않은가는 분명 이러한 '자기 관리'에 그 답이 있음을 명심해야 할 것이다.

1. ⓐ에 들어갈 말이 아닌 것을 고르세요.

① 최신곡　　　② 유행가　　　③ 흘러간 옛 노래

2. ⓑ에 들어갈 말로 알맞은 것을 고르세요.

① 통해서　　　② 제외하고　　　③ 멀리 하고

3. 다음 중 내용과 같은 것을 모두 고르세요.

① 부총리는 노래방에 가면 항상 최신곡을 불렀다.
② 부총리는 신곡 부르기 내기에서 이겨본 적이 없다.
③ 부총리는 따로 연습 시간을 마련하여 노래 연습을 했다.
④ 부총리는 차로 이동할 때 주로 차 안에서 노래 연습을 했다.
⑤ 자기를 관리한다면 60이 넘은 나이에도 경쟁력을 가지고 활동할 수 있다.

4. ⓒ를 잘하기 위해서는 어떤 방법이 있을까요? 여러분의 '자기 관리' 방법이 있으면 적어 보세요.

VI 한국 탐구

1 한국인 이해하기

어휘 사람의 기질

문법
- A-기 그지없다
- A/V-기에
- A/V-지 않을까 하다

의사소통 기술 한국 생활에 대한 글 읽고 내용 파악하기

2 한국의 멋

어휘 모양 묘사

문법
- A/V-(으)ㅁ에 틀림없다
- 한마디로 말하자면
- A-(으)ㄴ/V-는 점이 특징적이다
- N을/를 N(으)로 꼽다

의사소통 기술 한국의 멋을 소개하는 글 쓰기

1. 한국인 이해하기

어휘와 표현 1

______에 알맞은 말을 써서 문장을 완성해 보세요.

부지런하다 게으르다 활기차다 신중하다 진지하다 감정적이다 열정적이다 강인하다

1. 마이클은 아주 ______________. 아침에 일찍 일어나서 학교에 갈 준비를 하고 할 일이 있으면 뒤로 미루지 않고 미리 해 둔다. 반면에 나는 좀 ______________ 편이다. 늦게 일어나서 지각을 자주 하고 숙제도 미루다가 마지막 순간에 하곤 한다.

2. 민수는 참 ______________ 성격을 가지고 있다. 정말 힘든 상황 속에서도 포기하지 않고 자기 스스로 문제를 해결해 나간다.

3. 어제 수지가 우울하고 기분이 안 좋아 보였는데 오늘은 친구들과 즐겁게 이야기하고 ______________ 지내는 걸 보니 다행이에요.

4. 나는 ______________이지만 너무 ______________이라는 말을 자주 듣는다. 일을 할 때는 정말 열심히 한다. 밥을 먹는 것도 잊고 일에 몰두하는 경우도 많다. 하지만 어떤 일을 결정할 때 논리적으로 생각하지 않고 그때의 기분에 따라 결정하는 경향이 있다.

5. 수지 씨, 회사를 옮기려고 한다면서요? 너무 급하게 결정하지 말고 ______________ 생각해 보고 결정하세요. 한번 정하면 다시 바꾸기 힘드니까요.

6. 마이클, 장난 좀 그만 치고 내 얘기를 ______________ 들어줬으면 좋겠어. 이건 정말 심각한 문제거든.

어휘와 표현 2

_____에 알맞은 말을 써서 문장을 완성해 보세요.

정이 들다   미운 정 고운 정이 들다   정을 붙이다   정들자 이별이다

1.

가 : _____________이라더니 이렇게 빨리 고향에 돌아가게 될 줄 몰랐어요.

나 : 네, 정말이에요. 우리 꼭 연락해요.

2.

가 : 한국에 오신 지 얼마 안 됐지요? 한국 생활이 힘들텐데 괜찮으세요?

나 : 네, 힘들지만 남편의 나라니까 _____________ 살아 보려고 해요.

3.

가 : 아주머니, 이 세탁기는 너무 낡아서 고치는 데 비용이 더 들 거 같아요. 그냥 버리시는 게 어때요?

나 : 제가 시집올 때 사 가지고 온 거라서 _____________ 버릴 수가 없네요. 그냥 고쳐 주세요.

4.

가 : 남자 친구와 자주 싸운다면서? 헤어질 거야?

나 : 아니, 자주 싸우지만 그동안 좋은 일 나쁜 일을 같이 겪으면서 _____________ 헤어지기가 힘들어.

어휘와 표현 3

관계있는 것끼리 연결하고 ________ 에 알맞은 말을 써넣으세요.

습관이 •	• 기억나다 •	• 생긴 모양이 상대방에게 강한 느낌을 준다
어렴풋이 •	• 몸에 배다 •	• 지나간 일이 뚜렷하지 않고 흐릿하게 기억나다
자리를 •	• 낯설다 •	• 얼굴을 처음 보거나 잘 알지 못하다
얼굴이 •	• 인상적이다 •	• 어떤 일을 여러 번 해서 아주 익숙해지다
모습이 •	• 양보하다 •	• 자기가 앉아 있는 자리를 다른 사람에게 주다

1. 나는 일찍 일어나는 습관이 몸에 배서 아무리 피곤해도 아침 6시가 되면 잠이 깬다.

2. 한국에 와서 본 것 중에 가장 기억에 남는 것은 모르는 사람을 도와주는 것이다. 길을 지나가는 사람들이 무거운 물건을 들고 가는 노인이나 아주머니를 도와주는 ____________ ____________.

3. 고등학교를 졸업한 지 20년 만에 고등학교 동창회에 갔다. 너무 오랜만에 만나서 동창들의 ____________ 모르는 사람인 것처럼 느껴졌다.

4. 아무리 생각해도 그 사람을 어디에서 만났는지 기억이 안 난다. 이름은 ____________ ____________만 어디서 만났는지는 모르겠다.

5. 한국에서는 지하철이나 버스에 노인이 타면 젊은 사람이 ____________ 모습을 자주 볼 수 있다.

문법과 표현 4

A-기 그지없다

A 다음 표를 보고 문장을 만들어 보세요.

1	대학에 수석으로 합격하다	기쁘다
2	10년 동안 못 만난 친구가 오다	반갑다
3	입사한 지 3년인데 이런 일도 못하다	기분 나쁘다
4		창피하다

1. 대학에 수석으로 합격했다는 소식을 들으니 기쁘기 그지없었다.

2. ______________________________.

3. ______________________________.

4. ______________________________.

B ________에 알맞은 말을 써서 문장을 완성해 보세요.

1. 기자 : 얼마 전에 난민 캠프에 다녀오셨다고 들었는데 거기 상황이 어떻습니까?

   초대 손님 : ______________________________.

2. 이번에 새로운 도로를 건설하기 위해서 조선 시대 전통 가옥 몇 채를 철거해야 한다고 합니다. 도로 건설을 위해 전통문화를 훼손해야* 한다니 정말 ______________ (안타깝다).

3. 어제 선을 보러 나가서 만난 남자는 말이 너무 없었다. 1시간 반 동안 말없이 밥만 먹고 차만 마시다 왔다. 정말 ______________ (불편하다).

* **훼손하다** 헐거나 깨뜨려 못 쓰게 만들다.

문법과 표현 5

A/V-기에

A 관계있는 말을 연결하고 문장을 만들어 보세요.

1	명동에 갈 줄 모른다고 하다 •	• 고추장을 빼고 주다
2	매운 음식을 못 먹는다고 하다 •	• 동생에게 주려고 하나 더 사다
3	목걸이가 예쁘다 •	• 방을 청소하다
4	친구가 온다고 하다 •	• 같이 오다

1. 수지 씨, 어떻게 마이클 씨와 같이 왔어요?

   마이클 씨가 명동에 갈 줄 모른다고 하기에 같이 왔어요.

2. 마이클 씨가 비빔밥을 잘 먹네요. 맵지 않은가 봐요?

   ______________________________.

3. 수지 씨, 왜 같은 목걸이를 두 개나 샀어요?

   ______________________________.

4. 마이클 씨, 지금 뭐 해요?

   ______________________________.

B ________에 알맞은 말을 써서 문장을 완성해 보세요.

1. 마이클 씨, 그거 무슨 책이에요?

   제가 얼마 전에 읽은 책인데, ______________ 수지 씨에게 주려고 가져왔어요.

2. 한국 사람들은 물건을 주고받을 때 두 손을 사용하지 않으면 ______________ 실수하지 않으려고 조심한다.

3. 수지가 등산을 ______________ 나도 좋아한다고 했더니 이번 주말에 등산을 가자고 한다.

문법과 표현 6

A/V-지 않을까 하다[싶다]

A 다음 표를 보고 문장을 만들어 보세요.

1	아이를 초등학교 때 유학을 보내다	이르다
2	한국어 공부가 언제 끝나다	2년쯤 걸리다
3	한국 음식에 익숙해지려면 얼마나 걸리나	

1. 아이를 초등학교 때 유학을 보내면 어떨까요?
   초등학교 때 보내는 것은 너무 이르지 않을까 해요[싶어요].

2. ______________________________?
   ______________________________.

3. ______________________________?
   ______________________________.

B ________에 알맞은 말을 써서 문장을 완성해 보세요.

1. 내일 우리 회사를 방문하는 손님을 공항에서 맞이하는 일과 회사 안내를 김 대리에게 맡기려고 해요.
   모두 김 대리에게요? ______________________________.
   다른 직원에게 좀 도와주라고 하는 게 어떨까요?

2. 세계의 주요 자동차 회사에서는 전기 에너지를 사용하는 자동차를 개발하고 있다. 이 자동차가 실용화되면 대기 오염 문제를 조금이나마 ______________________________.
   해결할 수 있다

3. 한국 사람들은 마음은 따뜻하지만 처음 만났을 때는 그 따뜻함을 잘 느낄 수 없다고 한다. 왜냐하면 무표정하고 잘 웃지 않기 때문이다. 좀 더 웃는 얼굴로 외국인들을 대한다면 ______________________________.

N이/가 아닐까 하다[싶다]

A 다음 표를 보고 문장을 만들어 보세요.

1	한국 사람을 가장 잘 표현하는 말	정
2	한국식 주택과 서양식 주택의 가장 큰 차이점	온돌
3	한국의 빠른 발전의 원동력*	

* **원동력**
어떤 움직임의
근본이 되는 힘.

1. 한국 사람을 가장 잘 표현하는 말은 바로 정이 아닐까 한다[싶다].

2. ______________________________.

3. ______________________________.

B ________에 알맞은 말을 써서 문장을 완성해 보세요.

1. 한국인의 성격적 특징이 뭐라고 생각하세요?

   제 생각에는 ______________________________.

2. 처음 한국에 온 외국인들이 가장 힘들어하는 것은 ______________________________

   ______________________________.
   매운 음식에 적응하다

3. 요즘 취업이 점점 어려워지면서 자격증을 따거나 영어를 배우기 위해서 학원에 다니는 대학생들이 늘고 있다. 영어나 특별한 자격증도 중요하지만 취업을 할 때 가장 중요한 것은 ______________________________

   ______________________________.
   긍정적인 태도

읽기 7

다음을 읽고 질문에 답하세요.

한국 생활의 즐거움

나는 베닌에서 왔다. 한국 사람들은 베닌에 대해서 잘 모른다. 내가 베닌에서 왔다고 하면, 베닌이 어디 있느냐고 물어보곤 한다. 내가 "가나 옆에……." 하고 말하면 "아, 가나, 가나 초콜릿", 또 내가 "토고 옆에……." 하고 말하면 "아, 토고! 월드컵 축구! 이제 알겠어요." 하는 말을 하곤 한다. 이렇듯 나는 한국 사람들이 거의 모르는 아프리카의 한 나라에서 왔지만 한국에서 사는 것이 그렇게 힘들지는 않다. 오히려 문화와 환경이 전혀 다른 이 나라에서 그동안 내가 몰랐던 많은 것을 배울 수 있기에 ⓐ__________________.

지난 5월에 나는 서울에 있는 길상사라는 절에 가서 다도 체험을 했다. 다도 선생님께서 차는 ⓑ오감으로 즐기면서 마시는 것이라고 하셨다. 먼저, 귀로는 차 따르는 소리를 즐기고(쪼르륵), 눈으로는 차의 색깔을 즐기고, 코로는 차의 향기를 즐기고(으음), 입으로는 차의 맛을 즐기고, 손으로는 차의 온기를 느끼면서 마시라고 하셨다.

나는 처음에는 '왜 차를 이렇게 복잡하게 마시지? 그냥 마시면 되잖아?' 하고 생각했다. 그런데 그렇게 차를 마시니까 차가 더 맛있고, 차를 마시는 일이 더 즐겁게 느껴졌다. 그리고 '차를 마시는 작은 일에서도 이렇게 깊고 다양한 기쁨을 느낄 수 있구나!' 하고 감탄하게 되었다.

다도 체험 후 내 생활도 조금씩 변하기 시작했다. 하루 생활의 작은 일들을 소중하게 생각하며 즐기게 된 것이다. 앞으로도 한국 생활 속에서 새로운 것을 찾으면서 한국 문화의 장점을 배우고 우리 나라 문화의 좋은 점도 한국에 알리는 것이 내 소망이다.

내가 처음 한국에 왔을 때는 베닌을 아는 사람이 거의 없었다. 하지만 이제 한국에도 베닌을 아는 사람이 많이 생겼다. 바로 내 한국 친구들이다. 지금은 내 친구들밖에 없지만 10년 후에는 많은 한국 사람들이 베닌을 생각할 때, '아, 베닌, 웃는 얼굴, 좋은 사람들!' 이렇게 생각할 수 있도록 열심히 노력하려고 한다.

〈2008년, 외교관 과정 여름 학기, 노르베트〉

1. ⓐ에 들어갈 수 있는 말로 적당한 것을 고르세요.
   ① 즐겁기 그지없다　② 즐겁다는 데 있다　③ 즐거울 줄 알았다

2. ⓑ의 '오감'은 무엇을 가리킵니까?

   ____

3. 이 글에서 글쓴이가 감탄한 이유는 무엇입니까?
   ① 다도 체험에서 마신 차가 뜻밖에 맛있어서
   ② 한국 사람들의 차를 마시는 방법이 뛰어나서
   ③ 차를 마시는 작은 일에도 다양한 기쁨이 있다는 것을 알게 되어서

4. 이 글의 내용과 같은 것을 고르세요.
   ① 한국에는 베닌에 대해서 아는 사람들이 전혀 없다.
   ② 다도 체험을 하고 나서 생활에 변화가 생기게 되었다.
   ③ 한국 사람들이 아프리카 문화에 대해 잘 몰라서 한국 생활이 힘들다.

2. 한국의 멋

어휘와 표현

다음을 읽고 ________ 에 알맞은 말을 찾아 쓰세요.

화려하다 소박하다 간결하다 자연스럽다 세련되다 촌스럽다 정교하다

1.

©이태옥 한복 연구소

활옷은 원래 조선 시대 공주의 예복이었으나 나중에는 서민의 혼례복으로도 이용되었다. 붉은색 비단으로 되어 있으며 넓은 소매에는 색동을 달았다. 또 가슴, 등, 소매 끝에는 연꽃, 모란과 같은 꽃을 아름답고 ________________ 수놓은 것이 특징적이다.

2.

서울 모터쇼에 온 각국의 자동차 디자이너들은 한국의 자동차를 높이 평가했다. 특히 자동차의 우수한 품질과 함께 ________________ 디자인이 눈에 띈다는 평가를 했다.

3.

얼마 전에 고향으로 돌아온 박영석 씨는 요즘 하루가 어떻게 지나가는지 모를 정도로 정신없이 바쁘다. 그는 이른 아침부터 들에 나가 일을 하면서 땀을 흘린다. 고향에 돌아오기 전부터 그의 ________________ 꿈은 가족과 함께 농사지으며 행복하게 사는 것이었다.

4.

인터넷에서 연필로 그린 그림을 모아 놓은 사이트를 우연히 발견했다. 거기에는 인물화를 비롯해서 풍경화, 동식물화 등 매우 다양한 그림들이 나와 있었는데 너무나 ________________ 마치 사진을 보는 것 같았다.

5. 

학교를 졸업하고 사회생활을 시작하는 여성들은 특히 화장에 관심이 많다. 화장을 잘하기 위해서는 옷차림이나 머리 모양이 화장과 잘 조화되도록 신경을 써야 한다. 최근에는 너무 눈에 띄지 않고 화장을 한 듯 안 한 듯하게 보이는 ____________ 화장이 인기다.

6. 

좋은 글은 반드시 길어야 하는 것은 아니다. 글쓴이가 하고자 하는 말이 들어가기만 한다면 일부러 아름답게 쓰려고 할 필요도 없다. 불필요한 것이 없는 ____________ 문장이라면 좋은 글의 기본 조건을 갖춘 것이라고 하겠다.

7. 

앨범을 정리하다가 30년 전 여고 시절에 찍은 사진을 보게 되었다. 어느 날인가 친구들과 함께 사복을 입고 찍은 것이었는데 한껏 멋을 낸 모습들이지만 지금 보기에는 몹시 ____________ 보였다. 뭐가 그리 즐거운지 다들 활짝 웃고 있다.

어휘와 표현 2

____________에 알맞은 말을 써넣으세요.

유물 백자 항아리 목공예품 청자

1. ____________ : 하얀 색의 도자기로 아무 장식도 없고 모양도 완벽한 둥근 원이 아니지만 은은한 멋이 있다. 한국적인 소박한 자연스러움을 느낄 수 있다.

2. ____________ : 주로 고려 시대에 만들어진 것으로 고려인의 창의력을 보여 주는 상감 청자가 유명하다. 그 신비한 푸른빛은 지금도 완벽하게 재현해 내지 못하고 있다.

3. ____________ : 나무로 만든 것으로 조선 시대 제품은 간결한 선과 면으로 목재 자체의 아름다움을 살린 것이 특징이다.

4. ____________ : 음식이나 물건을 담아 두는 그릇으로 김치, 된장, 고추장 등을 넣어 보관한다.

5. ____________ : 조상이 남긴 물건으로 도자기, 서예, 그림 등과 같은 작품들이 있다.

문법과 표현 3

A/V-(으)ㅁ에 틀림없다

A 다음 표를 보고 문장을 만들어 보세요.

1	불이 켜지다	그가 집에 돌아왔다
2	연락이 안 되다	무슨 일이 생겼다
3	전화가 없다	

1. 그의 방에 불이 켜진 것을 보니 그가 집에 돌아왔음에 틀림없다.

2. 며칠 전부터 ____________________.

3. 전화한다고 했는데 ____________________.

B ______ 에 알맞은 말을 써서 문장을 완성해 보세요.

1. 그 사람은 정말 __________ 을/를 잘하는 것 같아요.
   네. 저렇게 하기 위해서 ____________________.

2. 친구가 나에게 자기가 만든 목공예 작품을 보여 주었다. 나뭇결이 살아 있는 자연스러움과 간결한 아름다움을 지닌 그것은 ____________________.
   훌륭한 작품으로 평가받을 것이다

N임에 틀림없다

A 관계있는 말을 연결하고 문장을 만들어 보세요.

1	백자 달 항아리 •	• 멋있는 사람
2	한석봉 •	• 한국의 대표적인 명필
3	그 남자 •	• 한국의 미를 보여 주는 유물

1. 소박한 아름다움으로 유명한 백자 달 항아리는 한국의 미를 보여 주는 유물임에 틀림없다.

2. 훌륭한 서예 작품을 많이 남긴 ______________________.

3. 운동도 잘하고 노래도 잘하는 ______________________.

B ________에 알맞은 말을 써서 문장을 완성해 보세요.

1. 결혼식 날 보니까 역시 한복이 굉장히 아름답네요.

   한국인에게는 ______________________.

2. 벌써 28년째 해마다 스승의 날이 되면 꼭 나를 찾아오는 제자들이 있다. 이렇게 잊지 않고 찾아온다는 것은 ______________(정말 고마운 일이다). 그리고 그런 제자를 가진 나야말로 ______________(행복한 사람)는 생각이 든다.

문법과 표현 4

한마디로 말하자면[말해서]

A 다음 표를 보고 문장을 만들어 보세요.

1	한국의 정원	자연 바로 그 자체
2	사물놀이	열정 그 자체
3	판소리	종합 예술
4	그 배우	

1. 한국의 정원은 인공적인 것보다 자연스러운 멋을 추구한다.
   한국의 정원은 한마디로 말해서 자연 바로 그 자체라고 말할 수 있다.

2. 사물놀이 공연은 언제 보아도 항상 힘이 넘친다.
   ______________________________.

3. 판소리는 음악, 문학, 연극이 함께 어우러져 만들어진다.
   ______________________________.

4. 그 배우는 50년 간 수많은 한국 영화에 출연해 왔다.
   ______________________________.

B ________에 알맞은 말을 써서 문장을 완성해 보세요.

1. 그 친구는 민수 씨에게 정말 좋은 친구 같아요.
   네. ______________________________.

2. 이번 여행은 ______________________________(고생). 그러나 그런 고생 속에서 오히려 많은 것을 배울 수 있었다. 많은 사람을 만나고 많은 경험을 하게 되는 여행이란 ______________________________(인생의 축소판*)이 아닐까 생각한다.

* **축소판** 어떤 것을 작게 만든 것.

3. 그분은 평생 한국 무용을 배우고 가르쳤다. 십대 후반의 나이에 한국 무용을 배우기 시작하여 칠십 평생을 오로지 한국 무용의 발전을 위해 살아왔다. 그분의 일생은 ____________ (이)라고 할 수 있을 것이다.

한국 무용과 함께 한 삶

문법과 표현 5

A-(으)ㄴ/V-는[다는] 점이 특징(적)이다

A 다음 표를 보고 문장을 만들어 보세요.

1	한옥	자연스러운 멋이 있다
2	한복	우아한 멋이 있다
3	한국 음식	국물 요리가 많다
4	한국어	

1. 한옥은 자연스러운 멋이 있다는 점이 특징이다.

2. ____.

3. ____.

4. ____.

B ________에 알맞은 말을 써서 문장을 완성해 보세요.

1.  ____________ 씨 나라 음식은 어때요?

 ____.

2. 그 화가의 그림은 아름다운 여인을 모델로 하고 ________________ (황금색을 많이 사용하다) ________________. 눈을 감거나 조금 수줍은 듯한 미소를 짓고 있는 여인들이 그의 그림에 무수히 나타난다. 특히 인물 주변의 그림자를 생략하고 ________________ (건강한 피부를 표현하고 있다).

3. 예로부터 민중들 사이에 불려오던 소박한 노래를 민요라고 한다. 누가 만들었는지 알 수 없는 경우가 대부분이고 민중들의 ________________ (생활, 감정 등을 표현하고 있다) ________________. 그뿐만 아니라 민요는 힘든 일을 하는 노고를 잊기 위해 불려지기도 해서 ________________ (노동과 밀접한 관계가 있다).

문법과 표현 6

N을/를 N(으)로 꼽다

A 다음 표를 보고 문장을 만들어 보세요.

1	김홍도	조선 시대의 대표적 화가
2	인사동	전통문화의 거리
3		첫손가락

1. 풍속화를 많이 그린 김홍도를 조선 시대의 대표적 화가로 꼽는다.

2. 여러 가지 공예품, 미술품 등 옛 물건들을 많이 볼 수 있어서 ________________ ________________.

3. 내가 한국을 좋아하는 이유는 여러 가지인데 그중에서도 ________________ ________________.

B ________에 알맞은 말을 써서 문장을 완성해 보세요.

1. 한국의 멋을 대표하는 것으로 뭐가 있을까요?

   ________________________________.

2. 몇 년 전 미국의 유명한 가수가 갑자기 사망했다는 소식이 알려져 많은 사람들에게 충격을 주었다. 사람들은 그의 음악적 재능을 높이 평가하면서 ________________

   ________________.
   그, 세계 최고의 가수

N이/가 N(으)로 꼽히다

A 다음 표를 보고 문장을 만들어 보세요.

1	'무동'	대표작
2	싸고 깨끗한 숙박 시설	가장 큰 장점
3	김치	

1. 김홍도는 많은 풍속화를 그렸는데 그중에서도 '무동'이 대표작으로 꼽힌다.

2. 그 나라는 유명한 여행지로 이름이 높은데 특히 ________________

   ________________________________.

3. 대표적인 한국 음식으로 알려진 ________________

   ________________________________.

B ________에 알맞은 말을 써서 문장을 완성해 보세요.

1. ________ 씨 나라를 대표하는 유물이 뭐예요?

____.

2. 이창동 감독의 영화 '밀양'이 그해 최고의 영화로 뽑혔다. '밀양'은 '박하사탕'과 함께 이 감독의 ____.
대표적 작품

쓰기 7

다음은 '한국의 멋'에 대한 글입니다. 이와 같이 한국의 멋을 나타내는 대상을 정해서 글을 써 보세요.

한국의 멋, 조각보

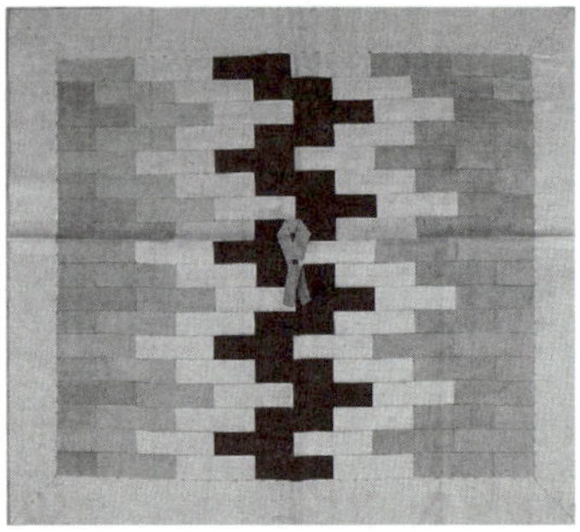

다음 주에 있을 '한국의 멋' 전시회에서 우리는 '조각보'를 전시하기로 하고 준비를 하고 있다. 조각보를 유난히 좋아하는 내가 다른 팀원들에게 이 조각보야말로 한국의 멋을 잘 나타낼 수 있는 것이니 전시를 하자고 권했기 때문이다.

우연한 기회에 인터넷으로 한국의 조각보를 접하고 난 뒤로 나는 이 특이하고 작으면서도 아름다운 보자기에 마음을 빼앗기게 되었다. 조각보는 작은 조각의 천을 여러 개 붙여서 만드는데, 그 기하학적인 패턴이 매우 멋스럽고 창의적일 뿐만 아니라 색감의 조화가 뛰어나게 아름답다. 예물용이나 장식용으로도 많이 만들어졌는데 생활 속에서 활용도도 높았다. 특히 여러 가지 직물을 사용한 햇빛 가리개는 실용성도 뛰어나고 사용하면서 더욱 은은한 매력을 느낄 수 있다.

일본에 있을 때부터 나는 이 조각보에 관심이 많았다. 한국에 오게 된 것도 사실 이 조각보에 대해 더 깊이 알고 싶어서였다. 나는 전시회를 준비하면서 점점 더 조각보의 매력에 빠져들게 되었다. 앞으로 미술대학에 진학해서 조각보를 본격적으로 연구해 보고 싶다.

한국의 멋, ________

모범 답안

모범 답안

Ⅰ. 외모와 성격

1. 갸름한 얼굴에 긴 생머리

1 어휘와 표현 p.14

1. 이 사람은 얼굴이 갸름하고 머리는 긴 생머리입니다 / 코는 오뚝하고 입술은 도톰합니다
2. 이 사람은 머리가 부스스하고 코가 납작합니다 / 턱이 길고 눈이 날카롭습니다
3. 이 사람은 얼굴이 각이 지고 코가 오뚝합니다 / 눈은 둥글고 입술은 얇습니다

2 어휘와 표현 p.14

1. 자상하신　　2. 단정하게　　3. 한결같은
4. 상냥한　　5. 의심스러울　　6. 실망스러운

3 어휘와 표현 p.15

1. 가　　2. 다

4 문법과 표현 p.16
(A-(으)ㄴ/V-는) N에 (A-(으)ㄴ/V-는) N

A.
1. 나는 간편한 옷차림을 좋아한다 / 그래서 흰 티셔츠에 헐렁한 청바지를 자주 입는다
2. 소매 없는 티셔츠에 반바지를 입으면 시원하겠다
3. 꽉 끼는 윗도리에 짧은 치마를 입고 나왔다
4. 노란 원피스에 빨간 구두를 신을 생각이다

B.
1. 긴 치마 / 블라우스
2. 새로 산 청바지에 하얀 티셔츠 / 파란 모자에 검은 선글라스
3. 갸름한 얼굴 / 각이 진 얼굴

5 문법과 표현 p.17
N(까지)는 못 돼도[아니더라도] N은/는 A/V-(으)ㄹ 줄 알았다

A.
1. 이번에 이사 갈 집을 보고 실망했다 / 방이 다섯 개까지는 아니더라도 세 개는 될 줄 알았다 / 그런데 집에 방이 두

개밖에 없었다
2. 그림 같은 호텔까지는 아니더라도 웬만한 숙소는 될 줄 알았다 / 그런데 건물이 너무 작고 낡았다
3. 100만 원까지는 못 돼도 50만 원은 될 줄 알았다 / 그런데 상금이 10만 원밖에 안 된다
4. 5kg까지는 아니더라도 3kg은 빠졌을 줄 알았다 / 그런데 몸무게가 500g밖에 빠지지 않았다

B.
1. 화장품 / 최고급(품) / 고급(품)은 될 줄 알았어요 / 싸구려라서
2. 180cm까지는 안 돼도 보통은 될 줄 알았는데 / 영화배우까지는 안 돼도 중간은 될 줄 알았는데
3. 아침 일찍은 아니더라도 8시쯤에는 일어나서 / 집안 청소까지는 아니더라도 각자 방 정리는 해야 하지

6 문법과 표현 p.18
V-는 둥 마는 둥

A.
1. 오늘 아침에는 늦잠을 잤어요 / 그래서 시간이 없어서 아침을 먹는 둥 마는 둥 했어요
2. 내용이 너무 어려워서 책을 읽는 둥 마는 둥 했어요
3. 피곤하고 졸려서 일을 하는 둥 마는 둥 했어요
4. 너무 지루해서 영화를 보는 둥 마는 둥 했어요

B.
1. 사람이 너무 많아서 보는 둥 마는 둥 했어요
2. 먹는 둥 마는 둥 / 자는 둥 마는 둥
3. 하는 둥 마는 둥 / 먹는 둥 마는 둥 / 보는 둥 마는 둥

7 쓰기 p.20

A.
1. 얼굴이 갸름하다 / 머리가 길고 생머리다 / 코가 오뚝하다 / 입이 작다 / 인상이 부드럽다
2. 얼굴이 각이 졌다 / 머리가 짧다 / 코가 오뚝하다 / 인상이 차갑고 날카롭다
3. 얼굴이 넓적하나 / 눈이 날카롭다 / 코가 크다 / 인상이 날카롭고 무섭다

B.
1. 이 그림은 유명한 화가 레오나르도 다빈치가 그린 〈모나리자〉입니다. 이 그림 속의 여인은 갸름한 얼굴에 코가 오뚝하고 긴 생머리에 입이 작은 편입니다. 잔잔한 미소를 띠고 있어서 부드러운 인상을 줍니다.
2. 이 그림은 유명한 화가 빈센트 반 고흐가 그린 자화상입니다. 이 그림 속의 화가는 각이 진 얼굴에 코가 오뚝하고 짧은 머리에 수염을 길렀습니다. 인상이 차갑고 날카롭습니다.
3. 이 그림은 조선 시대 화가 윤두서가 그린 자화상입니다. 이 그림 속의 남자는 넓적한 얼굴에 날카로운 눈을 가지고 있습니다. 코가 큰 편이고 수염을 길렀습니다. 전체적으로 날카롭고 무서운 인상을 줍니다.

2. A형 성격과 B형 성격

1 어휘와 표현 p.22

(가) 긍정적 의미
: 편안하다, 느긋하다, 적극적이다, 낙관적이다, 따뜻하다, 상냥하다, 관대하다, 차분하다, 완벽하다, 참을성이 있다, 여유가 있다, 인정이 많다

(나) 부정적 의미
: 까다롭다, 소심하다, 내성적이다, 소극적이다, 냉정하다, 차갑다, 급하다, 불같다, 이기적이다, 참을성이 없다

(다) 둘 다 쓸 수 있는 것
: 털털하다, 외향적이다, 꼼꼼하다, 빈틈이 없다, 경쟁심이 강하다

1. 완벽하다는 2. 소심하다고 3. 외향적이다
4. 까다로운 5. 적극적인 6. 낙관적이셔서

2 어휘와 표현 p.23

1. 우리 할머니는 마음이 따뜻하고 남에게 친절하며 어려운 일을 겪는 사람들을 잘 도와주시는 분이에요.	급하다
2. 나는 혼자 조용히 있는 것을 좋아하고 내 생각을 겉으로 잘 표현하지 않는 편이에요.	인정이 많다
3. 나는 여행 갈 때 작은 것 하나하나까지도 잘 챙기고 내 물건을 잃어버린 적이 없어요.	내성적이다
4. 우리 오빠는 뭐든지 빨리빨리 하려고 해요. 어디 가서 줄을 서거나 기다리는 것도 싫어해요.	털털하다
5. 우리 언니는 매사에 까다롭지 않고 성격이 시원해요. 작은 일들에 별로 신경을 많이 안 쓰는 편이에요.	꼼꼼하다

3 어휘와 표현 p.24

1. 구분된다, 구분된다
2. 민감해서, 민감하게
3. 성취할, 성취했다
4. 무리하게, 무리한

4 문법과 표현 p.24
A/V-다는 소리를 듣다

A.

1. 잘 참지 못하다	여유가 있다
2. 완벽하게 하다	빈틈이 없다
3. 느긋한 편이다	참을성이 없다
4. 이기려고 하다	경쟁심이 강하다

1. 그는 무슨 일이든 잘 참지 못해서 참을성이 없다는 소리를 듣는다
2. 완벽하게 해서 빈틈이 없다는 소리를 듣는다
3. 느긋한 편이어서 여유가 있다는 소리를 듣는다
4. 이기려고 해서 경쟁심이 강하다는 소리를 듣는다

B.
1. 급하다는, 느긋한
2. 상냥하다는 소리를 듣습니다 / 소극적이라는 소리를 듣습니다
3. 까다롭다는 소리를 듣는 거예요

5 문법과 표현 p.26
A/V-다는 인상을 주다[받다]

A.

1. 눈이 날카롭다	털털하다
2. 눈물이 많다	이기적이다
3. 자기 입장만 생각하다	냉정하다
4. 외모에 별로 신경 쓰지 않다	인정이 많다

1. 내 친구는 눈이 날카롭고 별로 웃지 않는다 / 그래서 사람들에게 냉정하다는 인상을 준다
2. 눈물이 많고 불쌍한 사람을 보면 그냥 지나가지 못한다 / 그래서 사람들에게 인정이 많다는 인상을 준다
3. 자기 입장만 생각하고 언제나 자기 이야기만 한다 / 그래서 사람들에게 이기적이라는 인상을 준다
4. 외모에 별로 신경 쓰지 않고 청바지에 운동화 차림으로 다닌다 / 그래서 사람들에게 털털하다는 인상을 준다

B.
1. 말이 없 / 내성적이라는
2. 식당에서 음식이 늦게 나오는 것을 못 참는 / 참을성이 없
3. 차분하다는 인상을 줘요 / 흥분을 잘한다는 인상을 줘요

6 문법과 표현 p.27
V-는 한이 있어도[있더라도]

A.
1. 부모님이 우리 결혼을 반대하신다 / 그러나 죽는 한이 있

어도 우리는 헤어질 수 없다
2. 운전면허 시험에 또 떨어졌다 / 그러나 시험을 열 번 보는 한이 있어도 꼭 합격해야겠다
3. 출근길의 지하철이 만원이다 / 그러나 숨이 막히는 한이 있어도 지하철을 타야 한다
4. 일이 너무 많아 피곤하다 / 그러나 쓰러지는 한이 있어도 내일까지 일을 끝내야 한다

B.
1. 상처를 받는
2. 생명과 바꾸는 한이 있더라도 / 무대에서 죽는 한이 있어도
3. 밑바닥부터 다시 시작하는 한이 있어도 / 또다시 실패하는 한이 있더라도

3. 만나고 싶은 사람

1 어휘와 표현 p.30

1) 교향악단　2) 연주회　3) 주최　4) 후원

2 어휘와 표현 p.30

앞으로 갈 방향이나 길	열정
어느 한쪽으로 치우치지 않음	균형
어떤 일에 열중하는 마음	진로
어떤 사업이나 연구 등에서 세운 공적	업적

1. 열정　2. 업적　3. 진로
4. 균형

3 어휘와 표현 p.31

1. 수상했다　2. 위대한　3. 입상했다
4. 발휘할　5. 잔잔한

4 문법과 표현 p.32
V-는 등 (N에) 재능[능력]을 발휘하다, N에 재능[능력]을 발휘하다

A.
1. 모차르트는 3살부터 피아노를 치고 5살에 작곡을 하는 등 어릴 때부터 음악에 재능을 발휘했대요
2. 그 사람은 6살에 영어를 유창하게 하고 10살에 3개 국어를 하는 등 일찍부터 외국어에 재능을 발휘했대요
3. 수미 씨는 태권도 대회에서 입상하고 각종 수영 대회에서 우승하는 등 운동에 능력을 발휘하고 있어요
4. 그 아이는 3살 때 더하기 빼기를 하고 초등학생 때 고등학교 수학을 끝내는 등 일찍부터 수학에 능력을 발휘했어요

B.
1. 시를 쓰고 10살에 소설을 쓰는 / 문학
2. 고등학교 때 컴퓨터 프로그램을 개발하고 대학생 때 게임 회사를 설립하는 / 컴퓨터
3. 고등학교 수학 문제를 풀고 12살에 대학교 수학과에 입학하는

5 문법과 표현 p.33
N을/를 시작으로 N을/를 거쳐 N을/를 맡다[하다]

A.

1. 우리 사장님은 평사원 출신이다	LG, 삼성, SK
2. 그 사람은 다양한 경력을 가지고 있다	자동차 영업 사원, 요리사, 여행사
3. 민수 씨는 계속 대기업에서만 일해 왔다	평사원, 이사, 사장
4. 마이클 씨는 음악에 관련된 일만 해 오고 있다	음반 회사 직원, 악기상, 음악 평론지 사장

1. 우리 사장님은 평사원 출신이다 / 평사원을 시작으로 이사를 거쳐 사장을 맡고 계신다
2. 그 사람은 다양한 경력을 가지고 있다 / 자동차 영업 사원을 시작으로 요리사를 거쳐 지금은 여행사를 하고 있다
3. 민수 씨는 계속 대기업에서만 일해 왔다 / LG를 시작으로 삼성을 거쳐 지금은 SK에서 일하고 있다
4. 마이클 씨는 음악에 관련된 일만 해 오고 있다 / 음반 회사 직원을 시작으로 악기상을 거쳐 현재 음악 평론지 사장을 맡고 있다

B.

공무원, 교사, 연구소

C.

1. 유하영 씨는 보험 설계사를 시작으로 □□상사 국제부 대리를 거쳐 현재는 ○○은행 국제부 팀장으로 일하고 있다
2. 김민석 씨는 공무원을 시작으로 □□상사의 대리를 거쳐 작년부터는 ○○전자 과장으로 일하고 있다

6 문법과 표현 p.34

V-(으)ㄴ 바 있다

A.

1. 그 피아니스트	대학 시절에 만나다
2. 그 사람의 선행	지난 연주에서 증명되다
3. 그 지휘자의 능력	각종 대회에서 입상하다
4. 그 두 사람	이미 여러 신문에 보도되다

1. 그 피아니스트는 각종 대회에서 입상한 바 있으니 이번 대회에서도 좋은 성적을 낼 것이다
2. 그 사람의 선행은 이미 여러 신문에 보도된 바 있지만
3. 그 지휘자의 능력은 지난 연주에서 증명된 바 있으니
4. 그 두 사람은 대학 시절에 만난 바 있지만

B.

1. 태권도 / 전국 대회에서 우승한
2. 어려움을 겪은 바 있으나
3. 실시한 바 있다

7 문법과 표현 p.36

N인지/일까

A.

1. 지금 너에게 중요한 일이 무엇인지 잘 생각해 봐야 한다
2. 수미가 만나는 사람이 누구일까 궁금하지만 물어보지는 않았어요
3. 한국에 사는 외국인이 제일 가 보고 싶어 하는 곳이 어디인지 조사해 본 결과 제주도인 것으로 나타났다

B.

1. 무슨 일인지
2. 무엇일까? / 서비스일까? / 음식 맛일까? / 가격일까?

A-(으)ㄴ지/V-는지, A/V-(으)ㄹ까

A.

1. 진수가 많이 아파 보였는데 지금은 괜찮은지 걱정돼서 오후에 집에 가 보려고 해요
2. 수미 씨가 돌아왔는데 여행이 어땠는지 궁금해서 전화해 보려고 해요
3. 마이클이 어제 학교에 안 왔는데 왜 안 왔는지 알고 싶어서 이메일을 보냈어요

B.

1. 시험에 합격했는지
2. 어땠는지

II. 사랑하는 마음

1. 사랑의 손길

1 어휘와 표현 p.42

1. 결식아동 2. 노숙자
3. 이재민 4. 독거노인, 소년 소녀 가장

2 어휘와 표현 p.43

"저는 강원도 지방에 홍수가 났다는 소식을 듣고 생필품을 보내려고 해요."	무료 급식을 하다
"저는 강원도 지방에 직접 가서 이재민들을 돕기로 했습니다."	구호품을 보내다
"저는 어제 명동에서 구세군 냄비에 10,000원을 넣었어요."	구호 활동을 하다
"저는 점심시간에 서울역에서 노숙자들에게 식사를 제공하는 일을 돕고 있어요."	성금을 내다

1. 구호품을 보낼 예정이라고 한다
2. 무료 급식을 하는

3. 성금을 내는
4. 구호 활동을 했다

3 문법과 표현 p.44

V-다시피

A.
1. 난민 문제에 관심이 필요합니다 / 사진에서 보시다시피 문제가 심각합니다
2. 오늘은 만나기가 어려울 것 같아요 / 이미 아시다시피 다음 주에 중요한 시험이 있거든요
3. 죄송하지만 등록금을 빨리 내 주셔야 됩니다 / 미리 알려 드렸다시피 내일이 마감입니다
4. 병을 고치기 위해서는 과로하시면 안 됩니다 / 처음에 말씀드렸다시피 안정이 제일 중요합니다

B.
1. 보시다시피 지금은 제가 좀 바쁘니 나중에 얘기하는 게 좋겠습니다
2. 알고 계시다시피
3. 보시다시피

4 문법과 표현 p.45

너나없이 (모두)

A.

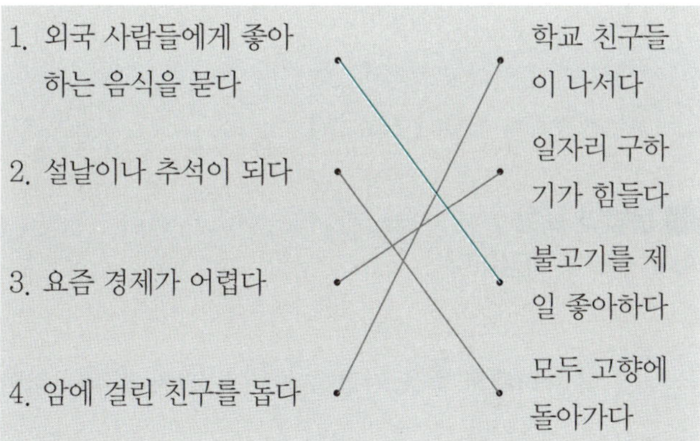

1. 외국 사람들에게 좋아하는 음식을 물으면 너나없이 불고기를 제일 좋아한다고 대답한다
2. 사람들은 설날이나 추석이 되면 너나없이 모두 고향에 돌아간다
3. 요즘 경제가 어려워서 너나없이 일자리 구하기가 힘들다
4. 암에 걸린 친구를 돕기 위해서 학교 친구들이 너나없이 나섰다

B.
1. 너나없이 간다
2. 너나없이 나서서 이재민들을 도왔다
3. 너나없이 가고 싶어 하는 여행지는 '제주도'인 것으로 밝혀졌다

5 문법과 표현 p.46

N(이)나마

A.
1. 이번 태풍으로 많은 이재민이 발생했다 / 그래서 작은 정성이나마 성금을 보내려고 한다
2. 마이클 씨가 어려운 일을 당했다 / 그래서 작은 힘이나마 도움이 될 일을 찾아보려고 한다
3. 교통사고로 다리를 다쳐서 오랫동안 누워 있었다 / 그렇지만 요즘은 조금씩이나마 걷는 연습을 하고 있다

B.
1. 조금이나마 성금을 보내려고 해요
2. 잠깐이나마 즐거운 시간을 보냈어요

A-게나마

A.
1. 외국에서 유학을 하느라고 오랫동안 친구들을 못 만났다 / 그래서 간단하게나마 엽서를 보내려고 한다
2. 대학 공부를 하지 못했다 / 그래서 늦게나마 공부를 시작해 보려고 한다
3. 정부가 경제 살리기에 힘쓰고 있다 / 그래서 느리게나마 경제가 회복되고 있는 것 같다

B.
1. 간단하게나마 정리했으니
2. 짧게나마 자주 운동하는 것이

A-(으)나마

A.
1. 지난달에 입사해서 아직 모르는 게 많습니다 / 부족하나마 열심히 일하겠습니다
2. 지난번에 도와주셔서 일이 잘 해결되었습니다 / 약소하나마 이 선물로 감사의 뜻을 전하고 싶습니다
3. 지난번 저희 행사를 도와주셔서 감사합니다 / 적으나마 이익을 남겼습니다

B.

1. 아쉬우나마 일출을 조금 볼 수 있었어요
2. 짧으나마 정말 즐거운 시간이었다

6 문법과 표현 p.49

V-고자

A.

1. 새로 찍은 영화를 홍보하다	의학을 전공하다
2. 더 넓은 세상을 보다	휴학을 하고 세계 여행을 떠나다
3. 가난한 사람들을 돕다	한국을 방문하게 되다
4. 한국학을 공부하다	한국에 오다

1. 그 영화배우는 새로 찍은 영화를 홍보하고자 한국을 방문하게 되었다고 말했다
2. 그 사람은 더 넓은 세상을 보고자 휴학을 하고 세계 여행을 떠났다고 한다
3. 그 의사는 가난한 사람들을 돕고자 의학을 전공하게 되었다고 한다
4. 그 사람은 한국학을 공부하고자 한국에 왔다고 말했다

B.

1. 내가 가진 능력을 모국에 있는 학생들을 교육하는 데 쓰고자 한국행을 결정했습니다
2. 알리고자
3. 열고자, 돕고자

2. 사랑이란

1 어휘와 표현 p.52

얼굴이	반짝반짝 빛나다
입술이	바짝바짝 마르다
가슴이	화끈화끈하다
눈이	두근두근 뛰다

1. 얼굴이 화끈화끈했다
2. 눈이 반짝반짝 빛났다
3. 입술이 바짝바짝 말랐다
4. 가슴이 두근두근 뛴다

2 어휘와 표현 p.52

1. 헌신적이었다
2. 영원한
3. 안타까운
4. 순수한

3 어휘와 표현 p.53

1. 철수와 영희는 처음 보자마자 서로를 좋아하게 되었다.	천생연분이다
2. 하늘이 정해 준 인연처럼 두 사람이 아주 잘 어울린다.	눈에 콩깍지가 씌었나 보다
3. 모든 사람들에게 짝이 있으므로 언젠가는 좋아하는 사람을 만날 수 있다.	첫눈에 반하다
4. 그 사람을 지나치게 좋아해서 그 사람의 나쁜 점을 보지 못한다.	짚신도 짝이 있다

1. 첫눈에 반했대요
2. 천생연분이네요
3. 짚신도 짝이 있다고 하잖아
4. 눈에 콩깍지가 씌었나 보죠, 뭐

4 문법과 표현 p.54

A/V-(으)ㄹ 지경이다

A.

1. 요즘 너무 바빠서 죽을 지경이다 / 이러다가 건강이 나빠질까 봐 걱정이다
2. 인터넷 속도가 너무 느려서 화가 날 지경이다
3. 고향에 계신 부모님이 보고 싶어서 잠도 못 잘 지경이다
4. 전공 강의가 너무 어려워서 미칠 지경이다

B.

1. 미안해요. 요즘 너무 일이 많아서 부모님께 전화도 못 드릴 지경이에요
2. 병이 날 지경이었다고 한다

3. 빨간색 티셔츠는 구하기 힘들 지경이었다

5 문법과 표현 p.55
생각다 못해

A.

1. 직장이 너무 멀어서	회사를 옮기다
2. 월급이 너무 적어서	수첩을 항상 가지고 다니다
3. 남자 친구와 성격이 안 맞아서	좀 가까운 곳으로 이사하다
4. 건망증이 심해서	헤어지다

1. 직장이 너무 멀어서 지각을 자주 한다 / 그래서 생각다 못해 좀 가까운 곳으로 이사하려고 한다
2. 월급이 너무 적어서 열심히 일하고 싶은 생각이 별로 없다 / 그래서 생각다 못해 회사를 옮기기로 했다
3. 남자 친구와 성격이 안 맞아서 자주 싸운다 / 그래서 생각다 못해 헤어지기로 했다
4. 건망증이 심해서 약속을 잊어버리는 경우가 많다 / 그래서 생각다 못해 수첩을 항상 가지고 다니기로 했다

B.

1. 생각다 못해 아동 심리 전문가를 찾아가서 상담해 보려고 해요
2. 생각다 못해 아르바이트를 그만뒀다
3. 생각다 못해 사냥꾼을 고용하기로 했다

6 문법과 표현 p.56
N(이)란 N은/는 모두[전부, 다]

A.

1. 얼굴에 여드름이 나서 걱정이다 / 약이란 약은 모두 써 봤지만 효과가 별로 없다
2. 요즘 휴가철이라서 표를 구하기가 어렵다 / 비행기 표란 비행기 표는 다 팔려서 고향에 돌아갈 수가 없다
3. 오래 전에 나온 책이라서 구하기가 어렵다 / 서점이란 서점은 전부 돌아다녔지만 책을 구할 수 없다
4. 오늘은 추석 전날이어서 학교에 사람들이 거의 없다 / 학생이란 학생은 다 돌아가서 도서관이 텅 비었다

B.

1. 돈이란 돈은 다 써서
2. 방법이란 방법은 전부 사용해 본다
3. 손님이란 손님은 다 그 식당으로 가 버렸다

7 읽기 p.57

1. ③ 2. ② 3. ②
4. 첫사랑을 다시 만나서 변한 모습을 보고 실망하게 될까 봐서.

III. 가정과 사회

1. 변화하는 가족

1 어휘와 표현 p.60

1. 효도 2. 가장 3. 대를 이을
4. 혈연 의식 5. 가부장 제도 6. 권위가 있는

2 어휘와 표현 p.61

1. 수지는 한 살 때 양부모님에게 왔습니다. 그분들은 수지를 낳아 주신 부모님은 아니지만 수지를 사랑해 주십니다.	한부모 가족
2. 영호는 2년 전에 아버지가 돌아가셨어요. 지금은 어머니와 동생과 함께 살고 있어요. 어머니가 가장이십니다.	입양 가족
3. 유진이의 어머니는 필리핀 사람이고 아버지는 한국 사람입니다. 유진이는 한국말도 배우고 필리핀 말도 배웁니다.	다문화 가족
4. 미진이의 아빠는 직장 때문에 부산에 사세요. 미진이와 엄마와 동생은 서울에 살아요. 주말에만 온 가족이 한집에 모여요.	기러기 가족
5. 영주와 동생은 엄마와 함께 미국에서 공부하고 아빠는 한국에서 회사에 다니며 학비를 보냅니다. 날마다 국제 전화를 합니다.	주말 가족

3 문법과 표현 p.62

A-(으)ㄴ/V-는 데(에) 비해

A.
1. 그는 공부를 열심히 하는 데 비해 성적은 좋지 않은 편이다.
2. 품질이 좋은 데 비해 값은 비싸지 않다
3. 평일에는 차가 많은 데 비해 주말에는 차가 별로 없다
4. 거실은 큰 데 비해 방은 작다

B.
1. 사과 / 사과 / 크고 단맛이 강한 데 비해 / 사과 / 작고 신맛이 좀 더 강한 편이에요
2. 비가 많이 온 데 비해 / 많았던 데 비해
3. 키가 큰 데 비해 / 내성적인 데 비해 / 음악을 좋아하는 데 비해 / 요리를 잘하는 데 비해

4 문법과 표현 p.63

N의 특징은[문제는] A/V-다는 데(에) 있다

A.
1. 이 도시의 특징은 박물관이 많아서 시민들이 자주 이용할 수 있다는 데 있다
2. 전체가 유리로 되어 있어서 에너지를 아낄 수 없다는 데 있다
3. 부품을 오래 쓸 수 있어서 비용을 아낄 수 있다는 데에 있다
4. 사용법이 복잡해서 쉽게 이용할 수 없다는 데에 있다

B.
1. 읽기와 쓰기보다 듣기와 말하기에 중점을 둔다는 데 있습니다
2. 휴식을 취할 수 있다는 데 있다 / 대중교통이 잘 발달되어 있지 않다는 데에 있다
3. 독특한 디자인의 옷이 많다는 데에 있다 / 값이 좀 비싸다는 데 있다

5 문법과 표현 p.64

A-(으)ㄴ/V-는가 하면

A.
1. 바쁜 생활로 아침을 거르는가 하면 밤을 새우기도 해요
2. 봄에 눈이 오는가 하면 겨울에 꽃이 피기도 해요
3. 공원을 만드는가 하면 자전거 도로도 만듭니다
4. 행복한 순간이 있는가 하면 슬픈 순간도 있어요

B.
1. 기념 음악회를 여는가 하면 서울 시민 자전거 대회도 연대요
2. 식사를 하는가 하면 / 라디오를 듣는가 하면 / 산책을 하는가 하면

그런가 하면

A.
1. 내 친구는 운동을 잘한다 / 그런가 하면 노래도 잘한다
2. 이해심이 많다 / 그런가 하면 책임감도 강하다
3. 기온이 아주 높다 / 그런가 하면 비도 많이 온다
4. 다양한 사진 자료가 많다 / 그런가 하면 내용도 아주 흥미롭다

B.
운동도 잘하고 성격도 좋아요

C.
그런가 하면 많은 동물들이 멸종되어 가고 있다 / 또한 식물이 사는 곳의 위치도 점차 달라지고 있다

6 문법과 표현 p.66

A-(으)ㄴ/V-는 데(에) 반해

A.
1. 업무가 늘어나는 데 반해 담당자 수는 줄었다
2. 육류 소비가 느는 데 반해 쌀의 소비는 줄었다
3. 도시의 땅값이 오르는 데 반해 시골의 땅값은 내리고 있다
4. 대학에 입학하기가 매우 어려운 데 반해 졸업하기는 어렵지 않다

B.
1. 학생 수가 많은 데 반해 시설이 부족한 것 같아요
2. 많은 데 반해 / 적은 데 반해 / 되는 데 반해

N에 반해

A.
1. 이 복사기는 성능이 좋다 / 그에 반해 소음이 좀 크다
2. 더운 지방의 음식은 짜다 / 이에 반해 추운 지방의 음식은 싱겁다
3. 그는 공부를 열심히 한다 / 그에 반해 운동은 별로 하지 않는다
4. 아버지는 성격이 아주 급하시다 / 그에 반해 어머니는 매

우 느긋하시다

B.
채소 / 고기값은 거의 오르지 않았어요

C.
그에 반해 중고품을 파는 시장에는 조금이라도 돈을 아끼려는 사람들의 발길이 끊이지 않는다

7 읽기 p.69

1. ③　　　　2. ③

2. 행복한 가정을 위해

1 어휘와 표현 p.70

1. 구청에서	장려하다	소식지를 통해서 많은 사람들에게 알리다
2. 정부가	운영하다	정부가 어떤 사람이나 단체의 일을 지지하여 돕다
3. 출산을	공고하다	구청에서 어떤 사업을 관리하고 경영하다
4. 소식지에	개설하다	아기를 많이 낳도록 격려하고 지원하다
5. 강의를	지원하다	어떤 것을 가르치는 일을 새로 준비하여 시작하다

1. 구청에서 운영하는
2. 정부가 지원하는
3. 출산을 장려하
4. 소식지에 공고하
5. 강의를 개설하고 있다

2 어휘와 표현 p.71

한 사회에서 노인의 인구 비율이 높은 상태	출산율
일정 기간에 태어난 아기가 전체 인구에서 차지하는 비율	저소득층
어린아이를 돌보고 기르는 데 드는 비용	고령화
수입이 낮은 계층	저출산
아이를 적게 낳음	양육비

1. 고령화　　　　2. 출산율
3. 양육비, 저소득층　　　　4. 저출산

3 어휘와 표현 p.71

1) 신착순　　2) 모집　　3) 수강료
4) 무료　　5) 실습　　6) 문의하

4 문법과 표현 p.72

V-(으)ㅁ에 따라

A.

1. 교통이 복잡해지다	출산율이 높아지다
2. 평균 수명이 늘어나다	자동차 10부제를 실시하다
3. 국제 유가가 인상되다	대중교통을 이용하다
4. 자녀 양육비를 지원하다	고령화 사회가 되다

1. 교통이 복잡해짐에 따라 대중교통을 이용하는 사람이 늘고 있다
2. 평균 수명이 늘어남에 따라 빠르게 고령화 사회가 되고 있다
3. 국제 유가가 인상됨에 따라 정부가 자동차 10부제를 실시할 계획이다
4. 정부가 자녀 양육비를 지원함에 따라 앞으로 출산율이 높아질 전망이다

B.
1. 해외에 진출하는 한국 기업들이 증가함에 따라
2. 증가함에 따라
3. 발생함에 따라

5 문법과 표현 p.73
단

A.
1. 18세 이하의 청소년도 이번 여행에 참가할 수 있습니다 / 단, 부모님의 동의가 있어야 하니 동의서를 가져오시기 바랍니다
2. 이 환자는 오늘부터 마음대로 먹을 수 있습니다 / 단, 너무 매운 음식은 곤란하니까 조심하시기 바랍니다
3. 세 자녀 이상을 둔 가정은 누구나 양육비를 신청할 수 있습니다 / 단, 가족관계기록부가 필요하니 함께 제출해 주시기 바랍니다
4. 기숙사에 사는 학생은 누구든지 세탁기를 사용할 수 있습니다 / 단, 밤 10시 이후에는 사용을 삼가 주시기 바랍니다

B.
1. 12시부터 1시까지는 피해 주시기 바랍니다
2. 부모가 동반하는 경우에만 관람할 수 있다
3. 구입한 지 1주일 이내에 가져오셔야 합니다

6 문법과 표현 p.74
N 및 N

A.

1. 수해 복구, 자립을 돕다	여러 가지 프로그램을 운영하다
2. 우리 회사 직원, 그 가족에게는 무료이다	환경 문제를 해결하다
3. 정부, 개인이 함께 노력하다	정부가 무이자 대출을 해 주다
4. 결혼이주여성, 그 자녀의 사회 적응을 돕다	외부인에게는 유료이다

1. 이번에 경기도 북부 지역이 수해로 큰 피해를 입었다 / 그래서 수해 복구 및 자립을 돕기 위해 정부가 무이자 대출을 해 주고 있다
2. 우리 회사 직원 및 그 가족에게는 무료이지만 외부인에게는 유료이다
3. 정부 및 개인이 함께 노력해야 환경 문제를 해결할 수 있다
4. 결혼이주여성 및 그 자녀의 사회 적응을 돕기 위해 여러 가지 프로그램을 운영하고 있다

B.
1. 결혼이주여성 및 외국인 근로자
2. 장학금 및 생활비
3. 입장료 및 중식

7 읽기 p.77

1. ①, ②　　2. ①
3. ① ×　② ○　③ ×　④ ×

3. 듣고 싶은 말

1 어휘와 표현 p.78

실제로 일을 하다	나타나다
복잡한 것을 개별 요소나 성질로 나누다	실시하다
어떤 것의 내용을 분명히 이해하여 알다	차지하다
보이지 않던 어떤 것의 모습이 드러나다	분석하다
어떤 비율이나 비중을 이루다	파악하다

1. 실시할　2. 분석해　3. 파악해서
4. 차지했다　5. 나타났다

2 어휘와 표현 p.79

1. 이하　2. 이상　3. 과반수
4. 절반　5. 미만

3 어휘와 표현 p.79

1) 살림하는　2) 못마땅한　3) 무시하는
4) 견디기　5) 동의하고

4 어휘와 표현 p.80

가. 배우자	나. 이혼	다. 가사 분담
라. 전업주부	마. 시선	바. 위로
a. 응답자	b. 기혼자	c. 여론 조사
d. 가장	e. 취업 주부	f. 전문가

5 문법과 표현 p.81
A/V-다는 응답이[응답자가] N에 달하다

A.

1. 자주 먹는 점심 메뉴가 무엇인지 묻는 설문 조사에서 비빔밥을 먹는다는 응답이 29%에 달했어요
2. 주밀에 하고 싶은 일이 부엇인지 묻는 설문 조사에서 쉬고 싶다는 응답이 47%에 달했어요
3. 건강을 위해서 하고 싶은 일이 무엇인지 묻는 설문 조사에서 운동이라는 응답자가 과반수에 달했어요
4. 병원에 가지 못하는 가장 큰 이유가 무엇인지 묻는 설문 조사에서 시간이 없기 때문이라는 응답자가 절반에 달했어요

B.

1. 늦게 자고 늦게 일어나는 것이라는 응답자가 20%
2. 3년 이내에 나아질 것이라는 응답자가 51%에 달했다 / 5년 이상 걸릴 것이라는 응답이 37%에 달해서
3. 좀 더 다양한 물건을 취급해야 한다는 응답이 54%에 달했다 / 식사 메뉴가 더 개발되어야 한다는 응답은 72%에 달했다

6 문법과 표현 p.82
N은/는 N에 그치다[불과하다]

A.

1. 남편이 가사를 분담하는지 묻는 설문 조사에서 그렇다는 응답은 23%에 그쳤습니다
2. 병원에 가지 못하는 가장 큰 이유가 무엇인지 묻는 설문 조사에서 무섭기 때문이라는 응답은 7%에 불과했습니다
3. 지난해 금연에 성공했는지 묻는 설문 조사에서 담배를 끊었다는 응답은 12%에 불과했습니다
4. 건강을 위해서 하고 있는 일이 무엇인지 묻는 설문 조사에서 등산을 한다는 응답은 11%에 그쳤습니다

B.

1. 여행을 가고 싶다는 / 여행을 가고 싶다는 / 9%
2. 매월 수입의 20% 이상을 저축하고 있다는 응답자는 15%에 그쳤다 / 앞으로 수입의 20% 이상을 저축할 계획이라는 응답자는 12%에 불과해서
3. 2명 이상을 낳겠다는 응답은 7%에 불과했다 / 1명만 낳겠다는 응답도 19%에 그쳐

7 문법과 표현 p.83
V-는 경향이 있다

A.

1. 요즘 젊은 사람들	말을 짧게 줄여서 하다
2. 요즘 청소년들	운동을 아주 열심히 하다
3. 요즘 젊은 부부들	결혼을 늦게 하려고 하다
4. 요즘 나이 든 사람들	아기를 낳지 않으려고 하다

1. 요즘 젊은 사람들은 결혼을 늦게 하려고 하는 경향이 있어요
2. 요즘 청소년들은 말을 짧게 줄여서 하는 경향이 있어요
3. 요즘 젊은 부부들은 아기를 낳지 않으려고 하는 경향이 있다
4. 요즘 나이 든 사람들은 운동을 아주 열심히 하는 경향이 있습니다

B.

1. 사람들이 자기를 이해하지 못한다고 생각하는 경향이 있어요
2. 에너지 절약을 중시하는 경향이 있습니다
3. 부모와 따로 살려고 하는 경향이 있다 / 자신만의 독립적인 인생을 만들어 가려고 하는 경향이 있다

V-는 경향을 보이다

A.

1. 가족의 형태	잘 알려지지 않은 곳을 찾다
2. 요즘 여행객들	학생의 사고력을 평가하다
3. 요즘 취업 면접	시대에 따라 변화하다
4. 최근의 대학 입학시험	창의성을 매우 중시하다

1. 가족의 형태는 시대에 따라 변화하는 경향을 보입니다
2. 요즘 여행객들은 잘 알려지지 않은 곳을 찾는 경향을 보입니다
3. 요즘 취업 면접은 창의성을 매우 중시하는 경향을 보여요
4. 최근의 대학 입학시험은 학생의 사고력을 평가하는 경향을 보인다

B.

1. 문화 생활비를 먼저 줄이는 경향을 보이고 있습니다
2. 옛 문화를 그대로 지키면서 개발하려고 하는 경향을 보이고 있습니다 / 한옥을 그대로 지키면서 개발해 나가는 경향을 보이고 있습니다
3. 영화가 많이 만들어지는 경향을 보인다 / 과거의 향수를 불러일으키는 영화를 더 찾는 경향을 보이고 있다

8 읽기 p.85

1. 대상으로
2. '경제력'이 가장 중요하다고 답한
3. '성격이 좋아야 한다'
4. 6.8%
5. 외모가 중요하다
6. 경제력이 중요하다
7. 중시하는 조건이 다른 것

Ⅳ. 직업과 직장

1. 일하는 사람들

1 어휘와 표현 p.88

A.

1) 공무원 2) 회사원 3) 번역가
4) 통역사 5) 요리사 6) 공무원

B.

1) 전문직 2) 사무직 3) 생산직
4) 영업직 5) 기술직

2 어휘와 표현 p.89

1. 수당 2. 상여금 3. 연봉
4. 월급 5. 일당

3 어휘와 표현 p.90

직무를	따다	어떤 일을 할 수 있다는 자격을 보여 주는 증서를 받다
자격증을	수행하다	어떤 일을 맡아서 하다
금융업에	담당하다	사회 복지와 관련된 일의 전망이 밝다
생산직에	유망하다	직장에서 맡겨진 일을 하다
업무를	취업하다	직접 물건을 만드는 직업을 가지다
사회 복지 분야가	종사하다	은행, 보험 등 돈과 관련된 일을 하다

1. 직무를 수행할
2. 금융업에 종사하
3. 사회 복지 분야가 유망한
4. 업무를 담당하
5. 생산직에 취업해서
6. 자격증을 따

4 문법과 표현 p.91
N의 (대표적인) 예로 N을/를 들다[N이/가 있다]

A.

1. 자동차로 인해 생기는 문제의 대표적인 예로 대기 오염을 들 수 있다 / 자동차로 인해 생기는 문제의 대표적인 예로 대기 오염이 있다
2. 흡연으로 인해 발생하는 병의 대표적인 예로 폐암을 들 수 있다 / 흡연으로 인해 발생하는 병의 대표적인 예로 폐암이 있다
3. 높은 교육비로 인해 생기는 사회 문제의 대표적인 예로 출산율 감소를 들 수 있다 / 높은 교육비로 인해 생기는 사회 문제의 대표적인 예로 출산율 감소가 있다
4. 지구 온난화로 인해 생기는 문제의 대표적인 예로 이상 기후를 들 수 있다 / 지구 온난화로 인해 생기는 문제의 대표적인 예로 이상 기후가 있다

B.

1. 위장병을 들 수 있어요
2. 그 대표적인 예로 독일 남부의 바우반이라는 마을을 들 수 있다
3. 그 예로 무료 아침 식사 제공이 있다

5 문법과 표현 p.92
N 외[이외]

A.

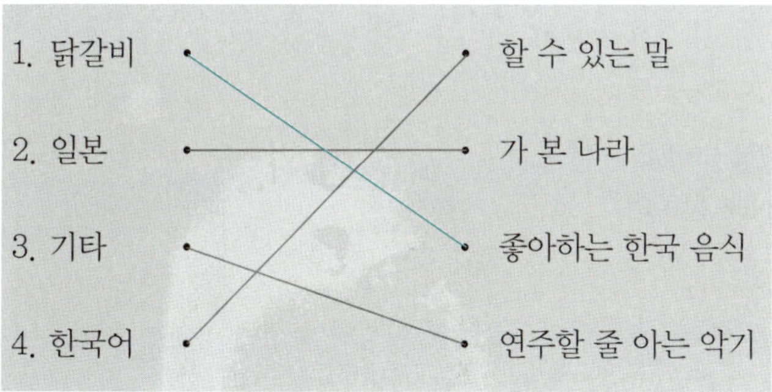

1. 닭갈비 외에 좋아하는 한국 음식이 있어요?
   제가 좋아하는 한국 음식은 닭갈비 외에도 불고기, 냉면, 삼겹살 등 많아요
2. 일본 외에 가 본 나라가 있어요?
   일본 외에도 영국, 프랑스, 독일 등 많은 나라에 가 봤어요
3. 기타 외에 연주할 줄 아는 악기가 있어요?
   기타 외에는 연주할 줄 아는 악기가 없는데요
4. 한국어 외에도 할 수 있는 말이 있어요?
   한국어 외에 중국어도 할 수 있어요

B.

1. 관계자 이외에는 아무도 들어갈 수 없다는 뜻이에요
2. 공포 영화 이외에
3. 그 외에

6 문법과 표현 p.93
A/V-다면

A.

1. 처음에는 한국 음식에 적응하기 힘들었다 / 한국 음식이 맵고 짠 편이라면 일본 음식은 싱거운 편이다
2. 내가 공포 영화를 좋아한다면 내 친구는 코미디 영화를 좋아하는 편이다
3. 한국의 여름이 덥고 습기가 많다면 우리 나라의 여름은 덥지만 습기가 많지 않다
4. 한국 남자가 집안일을 잘 안 하는 편이라면 우리 나라 남자는 집안일을 잘 도와주는 편이다

B.

1. 결혼식 / 결혼식 / 화려하고 규모가 큰 편이라면 / 결혼식 / 소박하고 작은 편이에요
2. 내성적이고 소극적이라면
3. 은퇴할 때까지 일할 곳으로 여긴다면

2. 취업 준비

1 어휘와 표현 p.96

1) 모집 공고　　2) 지원서 제출　　3) 서류 전형
4) 필기시험　　5) 면접

2 어휘와 표현 p.96

1. 성적 증명서　　2. 자기소개서
3. 이력서　　4. 졸업 증명서

3 어휘와 표현 p.97

신입 사원을	갖추다	어떤 자격이나 능력을 보여 주는 서류를 복사해서 내다
지원 자격을	채용하다	어떤 일을 할 만한 신분이나 지위를 가지고 있다
증명서 사본을	문의하다	취업이나 입학을 위해 낸 서류를 돌려주다
지원 서류를	제출하다	회사에서 새 직원을 뽑다
의문 사항을	반환하다	궁금한 것을 물어보다

1. 신입 사원을 채용하
2. 증명서 사본을 제출하면 된다
3. 의문 사항을 문의하
4. 지원 서류를 반환하
5. 지원 자격을 갖춰야 한다

4 문법과 표현 p.98

아래와[위와, 다음과] 같이

A.

1. 서울대학교에서 다음과 같이 대학원 연구 장학생을 선발합니다 / 관심 있는 대학원생들의 많은 지원을 바랍니다
2. 서울전자에서 아래와 같이 경력 사원을 채용합니다 / 능력 있는 인재들의 많은 지원을 바랍니다
3. 시립합창단에서 다음과 같이 신입 단원을 뽑습니다 / 재능 있는 음대 졸업생들의 많은 지원을 바랍니다
4. 태권도 동호회에서 다음과 같이 신입 회원을 모집합니다 / 관심 있는 학생들의 많은 지원을 바랍니다

B.

1. 아래와 같이
2. 위와 같이
3. 다음과 같이(아래와 같이)

5 문법과 표현 p.100

V-(으)오니

A.

1. 다음과 같이 직원을 모집하다	빠짐없이 참석하다
2. 이번 금요일에 직원 교육을 실시하다	신청서를 내다
3. 박물관 내에서는 사진 촬영을 금지하다	많은 지원을 바라다
4. 두 자녀 이상 가정에 보육비를 지급하다	협조해 주다

1. 다음과 같이 직원을 모집하오니 관심 있는 학생들의 많은 지원을 바랍니다
2. 이번 금요일에 직원 교육을 실시하오니 교육 대상 직원들은 빠짐없이 참석해 주시기 바랍니다
3. 박물관 내에서는 사진 촬영을 금지하오니 관람객 여러분께서는 협조해 주시기 바랍니다
4. 두 자녀 이상 가정에 보육비를 지급하오니 해당하는 가정은 신청서를 내 주시기 바랍니다

B.

1. 가지고자 하오니
2. 개최하오니 많은 참석 바랍니다
3. 초대하고자 하오니 많은 신청 바랍니다 / 취소가 불가능하오니

6 문법과 표현 p.101

N에 한하여

A.

1. 영어 시험 성적이 900점 이상인 학생에 한하여 해외 연수에 지원할 수 있다
2. 자녀가 2명 이상인 가정에 한하여 지원금을 신청할 수 있다
3. 한국에서 1년 이상 산 외국인에 한하여 한국어 말하기 대회에 참가할 수 있다
4. 지난 학기 성적이 90점 이상인 학생에 한하여 장학금을 신청할 수 있다

B.

1. 서울대학교 학생에 한하여
2. 1회에 한하여
3. 외국에서 1년 이상 거주한 경험이 있는 사람에 한하여 도우미로 지원할 수 있다

V. 가르침과 배움

1. 학교 이야기

1 어휘와 표현 p.106

A.

1) 축제　　2) 체육 대회　　3) 수학여행
4) 졸업식　　5) 입학식

B.

1) 객관식　　2) 주관식　　3) 사지선다형
4) 단답형　　5) 서술형　　6) 중간고사
7) 기말고사　　8) 모의고사

2 어휘와 표현 p.107

1. 사교육　　2. 대안 교육　　3. 가정 교육
4. 태교　　5. 평생 교육　　6. 공교육

3 어휘와 표현 p.108

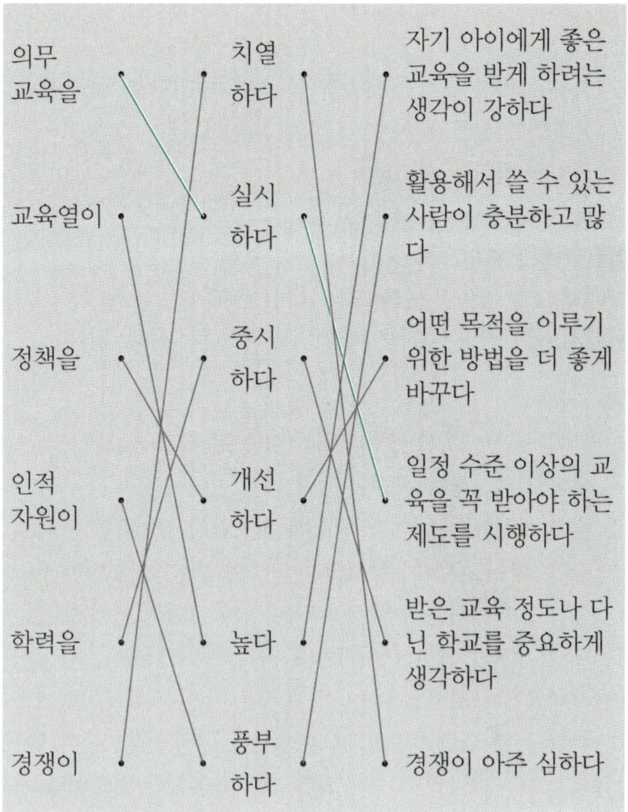

1. 의무 교육을 실시하
2. 교육열이 높다
3. 학력을 중시하
4. 경쟁이 치열하다
5. 인적 자원이 풍부한 편이다
6. 정책을 개선하

4 문법과 표현 p.109

N이/가 중요한[큰] 역할을 하다, N의 역할이 중요하다[크다]

A.

1. 학교 건물 신축에 큰돈을 기부해 준 기업이 중요한 역할을 했다 / 학교 건물 신축에 큰돈을 기부해 준 기업의 역할이 컸다
2. 암 치료에 연구팀이 새로 개발한 약이 큰 역할을 했다 / 암 치료에 연구팀이 새로 개발한 약의 역할이 컸다
3. 출산율 증가에 보육비를 지원하는 정부 정책이 중요한 역할을 했다 / 출산율 증가에 보육비를 지원하는 정부 정책의 역할이 중요했다
4. 한국어 실력 향상에 텔레비전 드라마 시청이 큰 역할을 했다 / 한국어 실력 향상에 텔레비전 드라마 시청의 역할이

켰다

B.
1. 서류 준비와 면접 준비에 민수 씨가 큰 역할을 해 줬어요
2. 중요한 역할을 하는지 / 역할이 더 중요한
3. 국가의 역할이 중요하다

5 문법과 표현 p.110
N에서 N의 비중이 높다[크다, 작다, 낮다],
N에서 N이/가 차지하는 비중이 높다[크다, 작다, 낮다]

A.
1. 한 달 생활비에서 어떤 비용의 비중이 제일 커요?
   식비가 차지하는 비중이 제일 높은 편이에요
2. 대학 입시에서 무슨 과목의 비중이 가장 높아요?
   국어, 영어, 수학이 차지하는 비중이 가장 높은 편이에요
3. 자녀 교육에서 누구의 역할의 비중이 크다고 생각해요?
   제 생각에는 어머니의 역할이 차지하는 비중이 크다고 생각해요
4. 취업할 때 필기시험과 면접 중에서 뭐가 비중이 더 높아요?
   제가 보기에는 면접의 비중이 더 높은 것 같아요

B.
1. 차지하는 비중이 높아요?
2. 비중이 낮은 편이다
3. 차지하는 비중이 크

6 문법과 표현 p.111
N(으)로 인해

A.

1. 지구 온난화	교육비가 증가하다
2. 사교육비	성금 모금액이 감소하다
3. 경제 불황	대학 졸업을 늦추는 학생들이 많다
4. 취업난	빙산이 녹다

1. 지구 온난화로 인해 빙산이 녹아서 해수면이 점점 높아지고 있다
2. 사교육비로 인해 교육비가 증가해서 학부모의 부담이 커지고 있다
3. 경제 불황으로 인해 성금 모금액이 감소해서 불우 이웃에 대한 지원금이 줄 것 같다
4. 취업난으로 인해 대학 졸업을 늦추는 학생들이 많아서 대학생들의 사회 진출이 점점 늦어지고 있다

B.
1. 운전자의 졸음운전으로 인해 발생한 것으로 밝혀졌습니다
2. 과로나 스트레스로 인해 갑자기 사망하는 경우가 늘고 있다
3. 유행성 독감으로 인해

7 읽기 p.113
1. ①　　2. ③　　3. ④, ⑤

2. 한석봉의 어머니

1 어휘와 표현 p.114

재주가 뛰어나다	뛰어나거나 다른 점이 없이 보통이다
솜씨가 있다	보통 사람보다 훨씬 뛰어난 능력이 있다
천재적이다	무엇을 잘할 수 있는 능력이 아주 좋다
평범하다	손으로 무엇을 잘 만드는 능력이 있다
이름나다	세상에 이름이 널리 알려지다
훌륭하다	매우 크거나 심하거나 뛰어나다
대단하다	매우 좋아서 부족한 것이 없다

1. 재주가 뛰어나다　　2. 이름난　　3. 대단한
4. 훌륭한　　5. 천재적인　　6. 평범한
7. 솜씨가 있어서

2 어휘와 표현 p.115

1. 비뚤다　　2. 눈에 선하다　　3. 비친
4. 고른　　5. 희미하게　　6. 썰어
7. 일리가 있다는　　8. 염려하지

3 어휘와 표현 p.116

1) 제대로　2) 벌컥　3) 잠자코　4) 당장　5) 푹

4 문법과 표현 p.116

A-(으)ㄴ/V-는 탓

A.

1. 밤새워 공부하다	시험 준비하기가 어렵다
2. 가방이 무겁다	얼굴이 창백해지다
3. 수업을 못 듣다	어깨가 한쪽으로 기울어지다

1. 중간고사 기간에 밤새워 공부한 탓에 얼굴이 창백해졌다
2. 가방이 무거운 탓에 어깨가 한쪽으로 기울어졌다
3. 수업을 못 들은 탓으로 시험 준비하기가 어려웠다

B.
1. 욕심이 많은 / 너무 여러 가지 일을 하려는
2. 하루 종일 공부만 하는 탓에 / 아침 일찍 일어나야 하는 탓에

N(의) 탓

A.
1. 자기가 잘못한 일인데 자꾸 남의 탓을 하는 경우가 많아요
2. 잊어버리는데 아마도 나이 탓인가 봐요
3. 연습을 안 해서 경기에서 졌는데 계속 날씨 탓만 한다

B.
1. 어제 과식한 탓에 배탈이 나서 병원에 갔거든요
2. 어려운 집안 형편 탓에 / 바쁘고 힘든 생활 탓에

5 문법과 표현 p.118

A/V-(으)면 그만이다

A.
1. 돈만 잘 벌면 그만이라는 건 무책임한 생각이지요
2. 자식들만 잘되면 그만이라는 게 부모님들 생각이에요
3. 재미만 있으면 그만이라는 게 요즘 TV 프로그램의 모습이지요
4. 음식이 맛있기만 하면 그만이라는 건 위험한 생각이지요

B.
1. 좋은 대학에 합격만 시키면 / 교육의 진정한 의미를 잊게 만드는 것 같아요
2. 나만 편하면 그만이라는 / 내 자식이 잘 놀기만 하면 그만이라는
3. 우리들이 훌륭한 사람이 되기만 하면 그만이라는 / 너희와 이렇게 즐겁게 지낼 수만 있으면 그만이라는

6 문법과 표현 p.119

A/V-(으)ㄹ뿐더러

A.
1. 이 자전거는 크기가 작을뿐더러 가벼워서 여행하면서 가지고 다니기가 좋다
2. 머리가 좋을뿐더러 노력도 많이 하니까 꼭 성공할 것이다
3. 햇빛도 잘 들뿐더러 넓어서 마음에 든다
4. 경력도 없을뿐더러 영어 실력도 부족해서 취직하기가 어렵겠다

B.
1. 가볍고 예쁠뿐더러 기능이 많아서 편리해요
2. 빵 맛이 좋을뿐더러 / 케이크가 다양할뿐더러
3. 악기도 잘 다룰뿐더러 / 수영도 아주 잘할뿐더러

7 문법과 표현 p.120

이래[그래, 저래] 가지고(서)(야)

A.
1. 민수 씨가 아주 늦게 왔어요
   그래 가지고서야 어떻게 일을 제대로 하겠어요?
2. 두 사람이 싸웠어요
   그래 가지고서야 어떻게 함께 일을 하겠어요?
3. 등산화를 준비하지 못했어요
   그래 가지고서야 어떻게 산에 올라가겠어요?
4. 이번 시험에서 한 과목은 F 학점이 나올 것 같아요
   그래 가지고서야 어떻게 졸업을 하겠어요?

B.

1. 내일 등산을 할 수 있을까요?
2. 이래 가지고서야 할 일을 다 마칠 수 있을지 / 이래 가지고서 내 건강을 지킬 수 있을지
3. 이래 가지고 제대로 공연을 할 수 있을지

8 읽기 p.121

1. ① 2. ②
3. ①, ④, ⑤
4. 뭔가를 배우는 일이 힘들긴 하지만 배우지 않으면 평생 고생할 수 있다는 뜻

3. 공부 잘하는 비결

1 어휘와 표현 p.122

1. 진학하는 2. 엄격하게 3. 암기하는
4. 효과적이라고 5. 주입식 교육 6. 참교육

2 어휘와 표현 p.123

기억이	찡그리다	마음에 맞지 않아 기분 나빠하다
짜증을	나다	어떤 사실을 스스로 알게 되다
얼굴을	내다	햇빛, 고통, 기분 나쁨, 이상한 맛 등으로 얼굴 모양을 나쁘게 바꾸다
사실을	깨닫다	옛날에 있었던 일이 생각나다

1. 기억이 난다
2. 얼굴을 찡그렸다
3. 짜증을 내면서
4. 사실을 깨달을

3 어휘와 표현 p.123

1) 비결 2) 청소년 3) 조절 4) 방식 5) 명문

4 문법과 표현 p.124

V-(으)ㅁ으로써

A.

1. 마음을 주고받고 하다	학습 효과를 크게 높이다
2. 새 단어를 읽고 쓰고 하다	그 사람의 고통을 덜어주다
3. 예습과 복습을 철저히 하다	진정한 친구가 되다
4. 아무 말 없이 이야기를 들어 주다	확실하게 암기하다

1. 사람들은 누구나 마음을 주고받고 함으로써 진정한 친구가 될 수 있다
2. 새 단어를 읽고 쓰고 함으로써 확실하게 암기할 수 있다
3. 예습과 복습을 철저히 함으로써 학습 효과를 크게 높일 수 있다
4. 아무 말 없이 이야기를 들어줌으로써 그 사람의 고통을 덜어줄 수 있다

B.

1. 가볍게 체조를 하거나 휴식을 함으로써 다시 공부할 수 있는 분위기를 만듭니다
2. 컴퓨터실을 설치함으로써 / 커다란 공부방을 마련함으로써
3. 자연 체험 활동을 시킴으로써 / 적극적으로 학교를 운영함으로써

5 문법과 표현 p.125

N을/를 통해(서)

A.

1. 많은 사람들이 인터넷을 통해서 필요한 정보를 얻는다
2. 전시회를 통해서 자신의 작품을 세상에 알린다
3. 통계 자료를 통해서 많은 사회 현상을 이해한다
4. TV 프로그램을 통해서 소개된 적이 있다

B.

1. 이 영화에 나오는 노부부의 삶을 통해서 따뜻한 인간애를 그리고자 했습니다
2. 인터넷이나 뉴스를 통해서 / 여행이나 영화를 통해서
3. 성공과 실패를 통해서 / 고통과 사랑을 통해서

6 문법과 표현 p.126

A-(으)ㄴ/V-는 면[일면]이 있다

A.

1. 골프는 하나의 운동에 불과하지만 우리의 인생과 비슷한 면이 있다
2. 한국의 교육은 수준이 높지만 입시 위주의 교육에 치우치는 면이 있다
3. 외국어 공부는 의사소통을 위한 것이지만 그 과정에서 문화 교류가 이루어지는 일면도 있다
4. 그 사람은 평소에는 조용하지만 업무를 수행할 때는 적극적인 면이 있다

B.

1. 몰랐던 사실도 많이 배웠지만 제가 알고 있던 사실의 새로운 의미를 찾아 주는 일면이 있어 좋았어요
2. 어른스러운 면이 있다 / 다른 일면이 있다
3. 힘든 면도 있다

7 문법과 표현 p.127

N은/는 N을/를 보여 주는 좋은 예이다

A.

1. 장애인 차별은 우리 사회의 미성숙함을 보여 주는 좋은 예이다
2. 한국 드라마의 수출은 한국 문화의 세계 진출을 보여 주는 좋은 예이다
3. 이번에 일어난 지하철 공사장의 사고는 안전 교육의 필요성을 보여 주는 좋은 예이다
4. 그의 성공은 끊임없는 노력의 중요성을 보여 주는 좋은 예이다

B.

1. 그런 응답은 고등학교 교육이 얼마나 부담스러웠는지를 보여 주는 좋은 예이지요
2. 가고 싶은 도서관 만들기는 그러한 노력을 보여 주는 좋은 예이다 / 책과 관련된 행사를 마련하는 것은 책과 친해지도록 하는 교육을 보여 주는 좋은 예이다
3. 다양한 그릇은 당시 도자기의 특징을 보여 주는 좋은 예이다 / 많은 옷은 당시 의생활의 특성을 보여 주는 좋은 예이다

8 읽기 p.129

1. ③ 2. ①

3. ①, ④, ⑤

Ⅵ. 한국 탐구

1. 한국인 이해하기

1 어휘와 표현 p.132

1. 부지런하다, 게으른
2. 강인한
3. 활기차게
4. 열정적, 감정적
5. 신중하게
6. 진지하게

2 어휘와 표현 p.133

1. 정들자 이별
2. 정을 붙이고
3. 정이 들어서
4. 미운 정 고운 정이 들어서

3 어휘와 표현 p.134

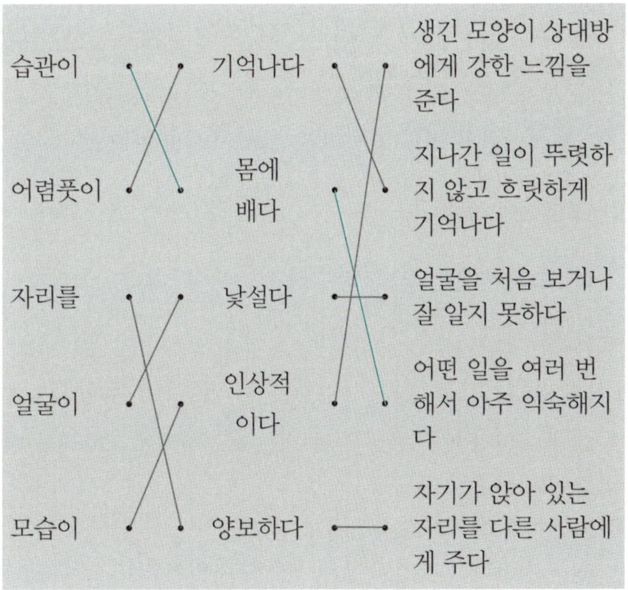

1. 습관이 몸에 배서
2. 모습이 인상적이었다
3. 얼굴이 낯설고(낯설어)
4. 어렴풋이 기억나지
5. 자리를 양보하는

4 문법과 표현 p.135

A-기 그지없다

A.
1. 대학에 수석으로 합격했다는 소식을 들으니 기쁘기 그지없었다
2. 10년 동안 못 만난 친구가 온다니 반갑기 그지없다
3. 입사한 지 3년인데 이런 일도 못한다는 소리를 들으니 기분 나쁘기 그지없었다
4. 어린아이가 나보다 수학을 잘한다는 소리를 들으니 창피하기 그지없다

B.
1. 식량이 부족해 하루에 한 끼 먹기도 힘든 정말 어렵기 그지없는 상황이었습니다
2. 안타깝기 그지없습니다
3. 불편하기 그지없었다

5 문법과 표현 p.136

A/V-기에

A.

1. 명동에 갈 줄 모른다고 하다	고추장을 빼고 주다
2. 매운 음식을 못 먹는다고 하다	동생에게 주려고 하나 더 사다
3. 목걸이가 예쁘다	방을 청소하다
4. 친구가 온다고 하다	같이 오다

1. 마이클 씨가 명동에 갈 줄 모른다고 하기에 같이 왔어요
2. 그게 아니라 매운 음식을 못 먹는다고 하기에 고추장을 빼고 줬어요
3. 목걸이가 예쁘기에 동생에게 주려고 하나 더 샀어요
4. 친구가 온다고 하기에 방을 청소하고 있어요

B.
1. 책이 재미있기에
2. 기분 나빠 한다기에
3. 좋아한다기에

6 문법과 표현 p.137

A/V-지 않을까 하다[싶다]

A.
1. 아이를 초등학교 때 유학을 보내면 어떨까요?
   초등학교 때 보내는 것은 너무 이르지 않을까 해요[싶어요]
2. 한국어 공부가 언제 끝날 거 같아요?
   2년쯤 걸리지 않을까 해요[싶어요]
3. 한국 음식에 익숙해지려면 얼마나 걸릴까요?
   한 6개월쯤 걸리지 않을까 하는데요[싶은데요]

B.
1. 일이 너무 많지 않을까 싶습니다
2. 해결할 수 있지 않을까 한다
3. 따뜻한 마음을 더 쉽게 전할 수 있지 않을까 싶다

N이/가 아닐까 하다[싶다]

A.
1. 한국 사람을 가장 잘 표현하는 말은 바로 정이 아닐까 한다[싶다]
2. 한국식 주택과 서양식 주택의 가장 큰 차이점은 온돌이 아닐까 한다[싶다]
3. 한국의 빠른 발전의 원동력은 바로 뜨거운 교육열이 아닐까 한다[싶다]

B.
1. 강한 경쟁심이 아닐까 해요
2. 매운 음식에 적응하는 것이 아닐까 싶다
3. 긍정적인 태도가 아닐까 한다

7 읽기 p.139

1. ①
2. 청각, 시각, 후각, 미각, 촉각
3. ③ 4. ②

2. 한국의 멋

1 어휘와 표현 p.140

1. 화려하게 2. 세련된 3. 소박한
4. 정교해서 5. 자연스러운 6. 간결한
7. 촌스러워

2 어휘와 표현 p.141

1. 백자 2. 청자 3. 목공예품 4. 항아리 5. 유물

3 문법과 표현 p.142
A/V-(으)ㅁ에 틀림없다

A.
1. 그의 방에 불이 켜진 것을 보니 그가 집에 돌아왔음에 틀림없다
2. 연락이 안 되는 걸 보니 무슨 일이 생겼음에 틀림없다
3. 전화가 없는 걸 보니 아직 도착하지 못했음에 틀림없습니다

B.
1. 수영 / 정말 많이 노력했음에 틀림없어요
2. 훌륭한 작품으로 평가받을 것임에 틀림없다

N임에 틀림없다

A.

1. 백자 달 항아리	멋있는 사람
2. 한석봉	한국의 대표적인 명필
3. 그 남자	한국의 미를 보여 주는 유물

1. 소박한 아름다움으로 유명한 백자 달 항아리는 한국의 미를 보여 주는 유물임에 틀림없다
2. 한석봉은 한국의 대표적인 명필임에 틀림없다
3. 그 남자는 멋있는 사람임에 틀림없다

B.
1. 한복이 가장 잘 어울리는 최고의 옷임에 틀림없죠
2. 정말 고마운 일임에 틀림없다 / 행복한 사람임에 틀림없다

4 문법과 표현 p.144
한마디로 말하자면[말해서]

A.
1. 한국의 정원은 인공적인 것보다 자연스러운 멋을 추구한다 / 한국의 정원은 한마디로 말해서 자연 바로 그 자체라고 말할 수 있다
2. 사물놀이 공연은 한마디로 말하자면 열정 그 자체라고 할 수 있다
3. 판소리는 한마디로 말하자면 종합 예술이라고 할 수 있다
4. 그 배우는 한마디로 말해서 한국 영화의 역사라고 할 수 있다

B.
1. 저에게 그 친구는 한마디로 말해서 가족이죠
2. 한마디로 말하자면 고생이었다 / 한마디로 말해서 인생의 축소판
3. 한마디로 말해서 한국 무용과 함께 한 삶

5 문법과 표현 p.145
A-(으)ㄴ/V-는[다는] 점이 특징(적)이다

A.
1. 한옥은 자연스러운 멋이 있다는 점이 특징이다
2. 한복은 우아한 멋이 있다는 점이 특징이다
3. 한국 음식은 국물 요리가 많다는 점이 특징이다
4. 한국어는 높임말이 발달되어 있다는 점이 특징적이다

B.
1. 우리 나라 음식은 보기에 아름답고 생선 요리가 발달해 있다는 점이 특징적이에요
2. 황금색을 많이 사용한다는 점이 특징적이다 / 건강한 피부를 표현하고 있다는 점이 특징이다
3. 생활, 감정 등을 표현하고 있다는 점이 특징적이다 / 노동과 밀접한 관계가 있다는 점이 특징이다

6 문법과 표현 p.146
N을/를 N(으)로 꼽다

A.
1. 풍속화를 많이 그린 김홍도를 조선 시대의 대표적 화가로 꼽는다
2. 인사동을 전통문화의 거리로 꼽는다
3. 한국 사람이 정이 많아서라는 점을 첫손가락으로 꼽는다

B.
1. 고려청자를 한국의 멋을 대표하는 유물로 꼽을 수 있지요
2. 그를 세계 최고의 가수로 꼽았다

N이/가 N(으)로 꼽히다

A.

1. 김홍도는 많은 풍속화를 그렸는데 그중에서도 '무동'이 대표작으로 꼽힌다
2. 싸고 깨끗한 숙박 시설이 가장 큰 장점으로 꼽힌다
3. 김치가 훌륭한 건강식품으로도 꼽히고 있다

B.

1. 옛날 우리나라의 왕이 사용하던 왕관이 대표적인 유물로 꼽혀요
2. 대표적 작품으로 꼽힌다

집필

최은규　서울대학교 국어국문학과 박사
서울대학교 언어교육원 한국어교육센터 대우부교수

정인아　상명대학교 한국학과 박사
서울대학교 언어교육원 한국어교육센터 대우조교수

함창덕　한양대학교 미국학과 석사
서울대학교 언어교육원 한국어교육센터 대우조교수

김민애　서울대학교 국어교육과 박사 수료
서울대학교 언어교육원 한국어교육센터 대우부교수

안경화　서울대학교 언어학과 박사
서울대학교 언어교육원 한국어교육센터 대우부교수